Alkoholfreie Cocktails
selbst gemacht

Alles, was Sie über alkoholfreie Cocktails wissen sollten und wie auch Sie leckere Cocktails einfach und schnell selbst mixen können

Autor
Adrian Berg

ISBN: 9798497829655

Inhalt

Alkoholfreie Cocktails, die den Gaumen anregen

Ein leckerer Cocktail mit dem Partner oder Freunden genießen, wer möchte das nicht? Dabei muss nicht immer Alkohol die Basis für eine ansprechende Gaumenfreude sein. Sie werden jeden Cocktail genießen, wenn sie erst einmal auf den Geschmack gekommen sind. Es gibt Zutaten, die sie wohl kaum mit einem Cocktail in Verbindung bringen würden, die aber alle Ihre Sinne anregen werden. Ein kleiner Schuss hiervon, eine besondere Frucht oder ein einzigartiger Saft und schon entsteht eine Geschmacksexplosion. Die richtige Kombination ist in diesem Moment ausschlaggebend. Sie werden sich wundern, was alles möglich ist und wie man auf einfache Art und Weise einen alkoholfreien Cocktail selbst zubereiten kann. Sie werden mit ein paar einfachen Tricks und etwas Hintergrundwissen der Star auf jeder Party sein.

Was genau ist ein Cocktail?

Wussten Sie, dass es sich bei einem Cocktail um ein Mischgetränk handelt? Nein? Cocktails bestehen typischerweise aus zwei oder noch mehr Zutaten. Eine Spirituose ist dabei mindestens im Cocktail enthalten, muss aber nicht, denn es geht auch ohne. Zubereitet werden Cocktails mit einem Cocktail-Shaker direkt mit Eis gemischt. Sie können aber auch direkt im Rührglas oder in einem Cocktailglas zubereitet werden. In einem Glas, welches für den Cocktail das passende ist, wird der Cocktail angerichtet. Serviert wird er sofort und kann nach der Zubereitung genossen werden. Jedes der Cocktail-Rezepte hat normalerweise einen eigenen Namen. Es gibt Cocktails, welche international bekannt sind, Barkeeper weltweit mixen sie. Cocktail ist ein Wort, das sich aus zwei englischen Wörtern zusammensetzt. Das Wort besteht aus dem englischen Wort Cock, was Hahn bedeutet und dem englischen Wort Tail, was Schwanz bedeutet. Wie der Cocktail seinen Namen bekam, dazu gibt es einige Legenden...

Entstehung des Cocktails

Die Hahnenkämpfe, die im 19. Jahrhundert veranstaltet wurden, sind eine Geschichtsvariation. Der Hahn, der besiegt wurde, so lautet die Legende, wurden die Schwanzfedern ausgerissen. Im Glas des Siegers dienten sie dann als Schmuck.

In einer anderen Geschichte geht es um einen Barkeeper. Er stellte angeblich besonders wundervolle Mixgetränke her, die schön bunt waren. Er soll dazu gesagt haben: „The Drinks looks like a Cock´s Tail". Übersetzt heißt dies: „ Das Getränk sieht wie ein Hahnenschwanz aus". Es ist bis heute nicht klar, welche der beiden Geschichten wahr ist.

Die Urform des Cocktails stammt aus den USA, wie es bei zahlreichen anderen Getränken ebenfalls der Fall ist. Äußerst dürftig war zu Anfang des 19. Jahrhunderts die Auswahl an alkoholischen Getränken. Im Grunde genommen gab es lediglich den Whiskey sowie Schnäpse, die die Menschen selber aus Getreide gebrannt hatten. Schiffe, die von den karibischen Inseln kamen, brachten den Rum mit. Zwar konnte dieser auch gekauft werden, jedoch war er sehr teuer und es mochte ihn auch nicht jeder. Alle diese Getränke waren sehr hochprozentig. Schon kleine Mengen reichten aus, um schnell davon betrunken zu werden. Irgendwann wollten die Barkeeper, die in den Lokalen arbeiteten, sich nicht andauernd über die Betrunkenen ärgern, so waren sie auf der Suche nach einer Lösung. Sie wollten dem hochprozentigen Getränk etwas von seiner Stärke nehmen. Ihnen fiel ein, dass sie die Drinks durch den Zusatz von Fruchtsäften oder Limonade „verlängern" könnten. Gut durchschütteln und fertig war der Cocktail. Die Gäste waren auf diese Art und Weise nicht so schnell betrunken.

Amerika erreichte am Ende des 19. Jahrhunderts die erste große Welle an Einwanderern, die aus Europa kamen. In die USA brachten sie nicht nur ihre Esskultur mit hinein, sondern sie brachten auch die Getränke ihrer Heimat mit. Die Amerikaner kamen erstmals in den Genuss von Likören. Eine willkommene Abwechslung waren die alkoholischen Getränke, die sehr süß waren, im Vergleich zu den bisher harten Drinks. In der Prohibition, welche stattfand in den 1920 er Jahren sowie 1930 er Jahren kam den Likören eine besondere Aufmerksamkeit zu. Mischgetränke wurden aus ihnen hergestellt. Aus diesen entstand dann später der klassische Cocktail. Es kam eine Zeit, in der Alkohol verboten war. Die Menschen waren jedoch sehr einfallsreich, um nicht bestraft zu werden, mischten sie verschiedene Sorten Alkohol , schütteten sie in Silberbecher, die sehr edel aussahen und verrührten sie. Offeriert wurde die sich im Glas befindliche bunte Flüssigkeit, als ein Mixgetränk zusammen mit Fruchtsaft. Keiner schöpfte Verdacht.

Nach dem Zweiten Weltkrieg kam der Cocktail dann nach Europa. Es galt als äußerst chic während der 1950 er Jahre, in einer Bar Cocktails zu trinken, die möglichst bunt waren und mit einem Strohhalm getrunken wurden. Cocktails ohne Alkohol konnten sich in den 1970 er Jahren niemand vorstellen. Heutzutage sind die alkoholfreien Cocktails der Renner. Die Klassiker jedoch, wie beispielsweise der Caipirinha, die Bloody Mary oder auch der Cuba Libre, kommen wohl nie so wirklich aus der Mode.

Kann ein alkoholfreies Getränk überhaupt ein Cocktail sein?

Welch ein Bild, ein heißer Sommertag, gemütlich auf der Terrasse sitzen und einen leckeren Cocktail schlürfen. Doch ein Cocktail muss nicht unbedingt als Zutat Alkohol enthalten. Cocktails ohne Alkohol haben mittlerweile ihren eigenen Namen. Die sogenannten Mocktails. Gesünder ist diese Variante und langweilig ist diese auf keinen Fall. Mocktail ist ein englischer Begriff und setzt sich zusammen aus Mock und Cocktail. Der Begriff „to mock" heißt übersetzt „nachahmen" oder „vortäuschen". Der Name Mocktail ist also der Ausdruck für einen „echten" Cocktail, indem kein Alkohol zugegeben wurde. Was den

Geschmack und die Raffinesse betrifft, steht der Mocktail dem Cocktail in nichts nach. In den Bars und Restaurants gibt es zahlreiche alkoholfreie Mixgetränke, aber auch Longdrinks, die Cocktails natürlich, Aperitifs, Highballs und Digestifs.

Alkoholfreie Drinks gibt es zwar weniger, aber dennoch setzen sich diese immer mehr durch. Da kann der Kiba aus den 80ern einpacken. Die modernen Mocktails bestehen aus viel Raffinesse, beispielsweise enthalten sie Edel Fruchtsäfte, welche mit Kokoswasser oder Gingerbeer verfeinert sein können oder einem Balsamico Essig, der zehn Jahre alt ist. Eine tolle Zugabe ist leicht zitroniertes Prickelwasser. Ganz neue Geschmackserlebnisse ermöglichen die alkoholfreien Cocktails. Der Cocktail besteht immer aus vier Teilen. Das sind in der Regel der Alkohol als Basis, die Verlängerung durch den Saft oder Soda sowie der Säure oder der Süße als vierte Komponente. Im Prinzip funktioniert auch der Mocktail so, nur das es statt vier Komponenten nur drei Komponenten gibt. Viel Freiraum zu experimentieren bieten die alkoholfreien Varianten dennoch. Neben Sirup und Säften kommen auch schon mal Gewürze und/oder Gemüse ins Glas. Mit einem Mocktail bekommen Sie viele Mineralstoffe und Vitamine in flüssiger Form geliefert.

Was ist der Unterschied zwischen Cocktail und Longdrink?

Anhand des Glases einen Unterschied zu machen zwischen einem Cocktail und einem Longdrink ist nicht möglich. Anders als bei dem Cocktail besteht der Longdrink aus einer Spirituose, die aufgefüllt mit einem nicht alkoholischen Getränk wird oder die Spirituose wird damit verlängert. Laut der englischen Definition besteht der Longdrink aus mindestens 140 ml, aber weniger als 250 ml Alkohol. Das heißt, dass ein großer Cocktail auch ein Longdrink sein kann. Der Cocktail wird in einem Shaker gemixt und besteht aus einer Mischung von unterschiedlichen Spirituosen und Säften. Verziert wird er mit

Schirmchen oder anderen Dekoren. Die einfachen Longdrinks zählen aber auch zu den Cocktails. Der Longdrink wird jedoch nicht in einem Shaker gemixt, sondern er wird mithilfe eines Filters aufgegossen. In einem Longdrink sind weniger Zutaten als in einem Cocktail. Der Longdrink setzt sich aus der Basis-Spirituose, dem Filter und dem Eis zusammen.

Häufig sind die Gläser bei den Cocktails aufwendiger kreiert, denn sie haben ein geringeres Volumen. Der Alkoholgehalt bei Cocktails kann bis zu 9 cl betragen. Der Longdrink ist üblicherweise ein Drink ohne oder mit Eis je nach Wunsch. Es können Whiskey, Cognac, Rum und andere Spirituosen aufgefüllt werden. Weiter fügt man entweder Soda, Softdrinks oder Saft hinzu. Beim Cocktail werden von allen Zutaten eher geringere Mengen verwendet und mit gestoßenem Eis und einem Shaker zubereitet. Die Cocktails haben meistens noch eine besondere Dekoration, wie einen Zuckerrand oder einen Salzrand, auch Schirmchen oder andere Dekorationen sind vorstellbar.

Welches Glas benutzt man zu welchem Cocktail?

Das Highball oder auch Longdrinkglas ist geradlinig und schick. Es hat einen verstärkten Boden und ist schmal und recht hoch. Genutzt werden kann es unter anderem für zahlreiche bekannte und klassische Cocktailrezepte. Zu diesen gehören zum Beispiel der Cuba Libre oder der Mojito. Ein Tom Collins schmeckt aus einem Longdrinkglas ebenfalls mit einem Strohhalm hervorragend sowie Eiswürfeln im Glas oder Crushed Eis. Longdrinkgläser werden ebenfalls für Gin and Tonic genutzt. Der dicke Boden garantiert eine gute Standfestigkeit. Das Glas steht, obwohl es schmal ist, sicher. Eigentlich wird bei den Longdrinks auf eine üppige Dekoration am Glasrand verzichtet. Maximal eine Orangenzeste oder eine Zitronenzeste wird auf den Glasrand gesteckt. Platz in den Longdrinkgläsern finden Drinks, die ein Volumen bis zu 30 cl haben.

Hurricaneglas, Fancyglas; Ballonglas – das fällt auf

Diese Gläser bieten ein großes Fassungsvolumen. Sie haben eine bauchigere Form. Sie sind ideal für auffällige und farbintensive Cocktails, zu denen eine schöne Dekoration gehört. So kommt der Cocktail perfekt zur Geltung. Zu den weiteren Cocktails, die sich in einem solchen Glas wunderbar präsentieren lassen, gehören der Planters Punch oder die Pina Colada. Überschreiten sollte das Trinkvolumen mit dem Strohhalm und dem Eis sowie dem Longdrinkglas die Menge von 30 cl nicht.

Old Fashioned, Tumbler – der Favorit für jede Zeit

Schlicht, klassisch und gediegen zeigt sich dieses Glas. In diesem werden Cocktails, wie die Caipirinha serviert oder alle Arten von Sours, Negroni und die old fashioned Cocktails, als Whiskeygläser werden die Tumblers ebenfalls gerne genutzt. Den schönsten Platz im Tumbler hat ein Whiskey on the rocks oder near. Beim Nosing Glas wird das Aroma perfekt zur Nase geleitet. Die Töne und feinen Nuancen gehen dabei nicht verloren. Nach oben hin verjüngt sich das Glas. Das old fashioned Glas bzw. der Tumbler ist stattdessen gerade. So kann der Drink entsprechend atmen.

Margaritaglas – kreativ geschwungen

Der Margarita ist nur stilecht mit dem Salzrand. Der White Dragon ist ein weiterer Cocktail, der sich in diesem Glas hervorragend macht. Rund sechs bis zehn Zentiliter fasst das geschwungene Glas. Ohne Eis und ohne einen Strohhalm werden die Cocktails in einem Margarita Glas serviert.

Martiniglas – zeitlose Eleganz

In dieser bekannten Silhouette finden viele Cocktails ihren Platz. Dazu gehören unter anderem der Daiquiri, der Gibson, der Martini natürlich, der Manhattan, der Appletini, der White Russian und der Cosmopolitan. Die Cocktails sehen in diesem Glas einfach nur sehr elegant aus. Etwa 15 cl passen in das Martiniglas. Die Drinks werden ohne Eis und ohne den Trinkhalm serviert. Der Kelch hat eine dreieckige spitze Form und wird aufgrund dessen auch schon einmal Cocktailspitz genannt.

Cocktailschale

Das Martiniglas ist eher schlicht gehalten. Die Cocktailschalen hingegen haben viele Details und wunderschöne Verzierungen. Die Cocktailschale läuft nicht spitz zu. Sie ist nach unten hin eher rundlich oder abgeflacht. Zu den bekannten Cocktails für die Cocktailschale gehören der Dolden Cadillac, der Godfather, der Gimlet, die White Lady oder der Mary Pickford. Diese Cocktails werden in diesem Glas richtig betont sowie komplementiert. Nicht mehr als 20 cl sollte die Mischung betragen. Es wird in der Schale ansonsten recht eng.

Kupferbecher, Emaillebecher, Grogglas die rustikalere Variante

Zudem gibt es noch Spezialitäten, die wohl nicht jeder zu Hause hat. Alle haben einen Henkel. Das verleiht dem Becher den besonderen Touch. Für den klassischen Julep kommt der Emaillebecher zum Einsatz. Im Kupferbecher kommt der Moscow Mule zur Geltung. Einfach schick sieht er darin aus. Für den Prince of Wales gibt es den Silberbecher. Selbstverständlich lassen sich die bekannten und sonst mit Alkohol versehenen Cocktails auch alle hervorragend ohne Alkohol servieren. Hierfür verwendet man beispielsweise einfach nur ein bisschen mehr Saft oder Sirup und man erhält ein fruchtiges, alkoholfreies Gaumenerlebnis.

Welches Zubehör ist bei einem Cocktail unverzichtbar?

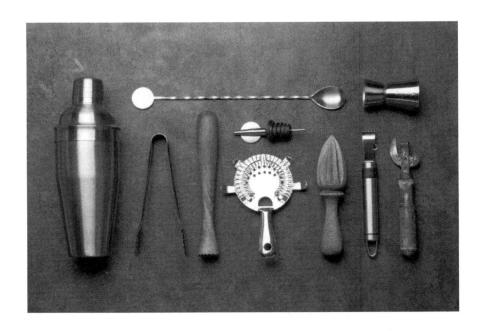

Der Shaker, er ist das Herzstück, wenn es um die Herstellung von Cocktails geht. Nicht alle Cocktails werden aber geschüttelt. Es gibt einige Getränke, die gerührt, gemixt oder geschichtct in einem Elektromixer werden. Wie der Cocktail zubereitet wird, hängt von den Zutaten ab, die in diesen hineinkommen. Manche der Zutaten dürfen nicht zu stark vermischt werden, ansonsten schäumen sie über oder sie werden trüb. Andere Zutaten werden durch das Schütteln nicht genug vermischt. Bei vielen Cocktails kann auf den Cocktail Shaker nicht verzichtet werden. Dies sind die Cocktails, deren Zutat Sahne ist oder Fruchtsäfte sind. Mit Eiswürfeln zusammen werden die Zutaten für 10 bis 20 Sekunden geschüttelt. Erfolgt das Schütteln ohne Eis, dann wird dies als Dry Shake bezeichnet. Dies fördert die Schaumbildung. Dazu kommen noch der Speed Shaker und der Hard Shaker. In den Diskotheken und Clubs kommt oft der Speed Shaker zum Einsatz, schließlich soll der Drink so schnell wie möglich fertig sein. Dieser wird über das Glas des Gastes gestülpt.

Das Glas wird beim Schütteln mitverwendet. Ebenso wird auch das Shake Eis dabei serviert. Die gewöhnlichen Shaker bestehen aus einem Deckel oder sie haben ein eigenes Shaker Glas. Zwei weitere Arten von Shakern sind der Boston-Shaker und der Cobbler-Shaker. Die Profi Barkeeper nutzen oft den Boston-Shaker. Für Einsteiger eignet er sich weniger gut. Der Boston-Shaker besteht aus einem Metallbecher und einem Glas. Diese werden ineinander gesteckt. Der Cobbler-Shaker hingegen wird meist in Hausbars eingesetzt. Er besteht aus einem einsetzbaren Sieb und einem einzigen Metallbecher sowie einer Verschlusskappe. Der Drink kann so auch von Anfängern mit einer Hand gemixt werden.

Das Cocktailmaß

Weitere Bezeichnungen für das Cocktailmaß sind Jigger oder Barmaß. Die Mengenanteile, die für die einzelnen Zutaten benötigt werden, machen erst den Geschmack aus. Auf das Cocktailmaß kann also keinesfalls verzichtet werden. Das klassische Barmaß ist ein metallener Becher, der an der Unterseite noch einen weiteren kleineren Becher hat. Der große Becher misst bis zu 44 Millimeter ab und der kleinere schafft rund 30 Milliliter.

Das Cocktailsieb

Damit mit dem Boston-Shaker die bunten Mixgetränke zubereitet werden können, ist ein Cocktailsieb notwendig. Der Shaker selber hat kein Sieb. Daher muss der Cocktail extra abgeseiht werden. Das Eis, mit dem geschüttelt wird, dient nicht dazu, es als fertigen Drink zu verwenden. Das Eis ist nur zum Kühlen gedacht. In das Gastglas werden frische Eiswürfel gegeben. Anschließend wird das Cocktailsieb über den Shaker gelegt und der Cocktail wird aus dem Shaker in das

Glas des Gastes geschüttet. Die Barsiebe gibt es in zwei unterschiedlichen Varianten. Zum einen der Julep Strainer und zum anderen der Hawthorne Strainer. Bei diesem befindet sich am Rand eine Drahtspirale. Beide Varianten sind mit Löchern und einem Griff ausgestattet. Welches Barsieb es sein soll, ist eine Sache des eigenen Geschmacks. Beide eignen sich absolut hervorragend. Manche Cocktails müssen doppelt abgeseiht werden, daher gibt es zu dem Barsieb ein feines Haushaltssieb. Wird zum Mixen der Cobbler-Shaker genutzt, der ein Sieb enthält, ist kein weiteres Sieb nötig.

Der Barlöffel

Der Barkeeper braucht für die Zubereitung eines Cocktails einen Barlöffel. Normalerweise hat er eine Länge von 20 bis 30 Zentimetern. Oftmals hat er einen Stiel, welcher spiralförmig gedreht ist. Das Ende des Stiels ist meist abgeflacht, so kann er zum Zerdrücken von Früchten genutzt werden oder um Eis zu zerstoßen. Mit dem spiralförmigen Stiel lassen sich die Eigenschaften während des Rührens und Verquirlens verbessern. Zum Schichten kann der Barlöffel ebenfalls eingesetzt werden. Einzelne Flüssigkeiten, werden bei der Art von Zubereitung vorsichtig übereinander geschichtet. Sie dürfen sich auf keinen Fall vermischen. Es soll eine farblich sichtbare Schichtung erkennbar sein. Die Flüssigkeiten laufen deshalb ganz langsam über den Barlöffelstil.

Eiszange, Eiseimer und Eisförmchen

Um bunte Mixgetränke zubereiten zu können sind diese Dinge unerlässlich. Die passende Temperatur sorgt für den hervorragenden Geschmack der Cocktails. Eiskalt werden Cocktails genossen. Für das richtige Geschmackserlebnis ist es wichtig, dass das Schmelzwasser sich mit dem Alkohol verbinden kann. Die Temperatur bei zahlreichen Cocktails sollte zwischen zwei und vier Grad betragen. Dafür kommt zunächst einmal Eis in den entsprechenden Shaker. Das können

Eiskugeln sein, Crushed Ice oder auch Eiswürfel. Am einfachsten für den Hausgebrauch sind die Eiswürfel. Zweimal wird Eis für die Cocktails gebraucht. Einmal kommt es mit in den Shaker und anschließend kommt noch einmal Eis in das Glas des Gastes. Besonders stilvoll lässt sich das Eis mit einem Eiseimer präsentieren. Mit einer Eisschaufel oder einer Eiszange kann das Eis aus dem Eiseimer genommen werden. Um genügend Eiswürfel auf Vorrat zu haben, ist es wichtig, viele Eiswürfelformen zu haben. Es gibt diesbezüglich Sets, zu denen kompakte Eiswürfelformen gehören. Diese können zur gleichen Zeit hunderte von Eiswürfeln herstellen.

Zwischen welchen Geschmacksrichtungen kann man bei einem Cocktail wählen?

Hat der Cocktail einen bitteren Nachgeschmack, dann trägt er auch dieses Prädikat. Bitter gehört zu eine der 5 Geschmacksrichtungen, die die Zunge wahrnehmen kann. Es gibt einige alkoholfreie Cocktails, die eine bittere Note haben, aber auch süß, sauer und einige Geschmacksrichtungen mehr werden angeboten. Für jeden Gaumen kann der perfekte Cocktail kreiert werden.

Frisch

Zu dieser Kategorie gehört alles, was mit frischen Zutaten zubereitet wird. Dazu gehören Limetten, Mineralwasser und auch Früchte. Cocktails mit einer frischen Note sind besonders im Sommer sehr beliebt.

Trocken

Der Begriff ist bei Wein und Sekt geläufig. Auch alkoholfreie Cocktails können einen trockenen Geschmack mit sich bringen.

Würzig

Alles, was nicht mit den klassischen Zutaten hergestellt wird, passt in die Kategorie würzig. Dazu gehört zum Beispiel der Tomatensaft, der gerne zur Zubereitung von Cocktails verwendet wird.

Cremig

Sahne ist immer eine Zutat in diesen Cocktails. Wer es cremig mag, der wird auf einen Schuss Sahne in seinem Cocktail nicht verzichten können.

Fruchtig

Der Name spricht für sich. Alle Cocktails in denen viele Früchte oder Fruchtsirup enthalten ist, fallen in die fruchtige Kategorie.

Sauer

Darf es ein bisschen sauer sein? Getränke mit einem hohen Anteil an Limetten oder Zitronen, gehören zu den sauren Cocktails.

Süß

In diesen Cocktails ist viel Zucker enthalten, aber auch Sirup und süße Früchte können in einem süßen Cocktail enthalten sein. Zitrone wird man in einem solchen Cocktail absolut vermissen.

Cocktail Rezepte zum nachmachen
Sahnig / Cremig

Virgin Colada

Zutaten:

- ☐ 2 cl Schlagsahne
- ☐ 4 cl Kokosmilch
- ☐ 16 l Ananassaft
- ☐ 1 Sp. Ananas
- ☐ 1 Stck. Cocktailkirsche

Zubereitungszeit: 10 min

Schweregrad: für Anfänger

Zubereitung:

Zunächst die Schlagsahne mit der Kokosmilch und dem Ananassaft in einem Shaker gut miteinander vermischen.

Anschließend die Mischung in ein großes Glas geben und je nach eigenem Belieben einige Eiswürfel hinzugeben.

Am Schluss mit einer Scheibe Honigmelone oder einer Scheibe Ananas sowie einer Kirsche und einem Schirmchen dekorieren.

Coconut Lips

Zutaten:

- ☐ 2 cl Cream of Coconut
- ☐ 2 cl Sirup (Himbeersirup)
- ☐ 6 cl Ananassaft
- ☐ 4 cl Sahne
- ☐ Eis
- ☐ 1 Scheibe Orangen

Zubereitungszeit: 2 min

Schweregrad: für Anfänger

Zubereitung:

In einem Blender alle Zutaten miteinander mixen oder alles auf Eis shaken und dann in ein Longdrinkglas abseihen und zum Schluss mit einer Orangenscheibe garnieren.

California Pool

Zutaten:

- [ ] 2 cl Sahne
- [ ] 2 cl Milch
- [ ] 4 cl Curacao Blue Sirup
- [ ] 10 cl Maracujanektar

Zeitaufwand: 2 min

Schweregrad: für Anfänger

Zubereitung:

Erste Variante

Die Zutaten mit den Eiswürfeln in einem Shaker zusammen mixen. In ein Glas Crushed Ice geben und den Drink in dem Glas abseihen.

Zweite Variante

Alle Zutaten außer den Curacao Blue Sirup im Shaker mixen und dann erst den Curacao Blue Sirup dazugeben.

Mit einer Kiwischeibe den Drink garnieren.

Alice

Zutaten:

- ☐ 8 cl Ananassaft
- ☐ 8 cl Orangensaft
- ☐ 2 cl Sahne
- ☐ 1 cl Grenadine
- ☐ Eiswürfel

Zeitaufwand: 5 min

Schweregrad: für Anfänger

Zubereitung:

Die Zutaten zusammen mit ein paar Eiswürfeln in den Shaker geben und dann gut shaken. Anschließend ein paar Eiswürfel in ein Glas geben und den Drink in das Glas abseihen.

Den Cocktail mit ein paar Früchten garnieren.

Blue Spirit

Zutaten:

- ☐ 2 cl Sahne
- ☐ 2 cl Curacao Blue Sirup alkoholfrei
- ☐ 10 cl Orangensaft
- ☐ 6 cl Bananensaft
- ☐ 2 cl Kokossirup

Zeitaufwand: 5 min

Schweregrad: für Anfänger

Zubereitung:

Die Zutaten in einen Shaker geben. Die Eiswürfel dazu und alles kräftig durchschütteln. Das Cocktailglas jetzt mit der offenen Seite nach unten in einem leicht eingeschnittenen Zitronenviertel drehen. In eine Schale Kokosraspeln geben und die Öffnung des Glases in die Kokosraspeln tupfen. Eiswürfel nun ebenfalls in das Glas geben und dann den Drink in das Cocktailglas abseihen.

Cat Kisses

Zutaten:

- ☐ 10 cl Ananassaft
- ☐ 4 cl Orangensaft
- ☐ 2 cl Kokossirup
- ☐ 2 cl Sahne

Zeitaufwand: 5 min

Schweregrad: für Anfänger

Zubereitung:

Die Zutaten zusammen mit 4 Eiswürfeln für etwa 30 Sekunden in einem Shaker kräftig schütteln. In ein Cocktailglas Eiswürfel geben und die Mischung in das Glas durch ein Barsieb abseihen.

Cinderella

Zutaten:

- [ ] 8 cl Orangensaft
- [ ] 8 cl Ananassaft
- [ ] 2 cl Sahne
- [ ] 2 cl Kokossirup
- [ ] 1 cl Grenadine
- [ ] Eiswürfel

Zeitaufwand: 5 min

Schweregrad: für Anfänger

Zubereitung:

In einen Shaker ein paar Eiswürfel geben und dann den Orangensaft, den Ananassaft, den Grenadinesirup, den Kokossirup. Am Ende einen Schuss Sahne dazugeben. Alles gut shaken und ein paar Eiswürfel ebenfalls in ein Cocktailglas geben. Den Drink durch ein Barsieb in das Glas abseihen.

Lips on the Beach

Zutaten:

- ☐ 1 cl Rumsirup
- ☐ 1 cl Erdbeersirup
- ☐ 4 cl Sahne
- ☐ 6 cl Grapefruitsaft
- ☐ 8 cl Orangensaft

Zeitaufwand: 5 min

Schweregrad: für Anfänger

Zubereitung:

Die Zutaten alle zusammen mit Eis in einen Shaker geben und gut shaken. In ein Squall Glas ein paar Eiswürfel geben und die Mischung durch ein Barsieb in dieses abseihen.

Orange Velvet

Zutaten:

- ☐ 2 cl Mandelsirup
- ☐ 2 cl Sahne
- ☐ 8 cl Orangensaft
- ☐ 8 cl Maracujasaft

Zeitaufwand: 3 min

Schweregrad: für Anfänger

Zubereitung:

In einen Shaker Eiswürfel geben und dann nach und nach die Zutaten. Den Shaker dann gut verschließen und alle Zutaten kräftig schütteln. Ein paar Eiswürfel in ein Cocktailglas geben und den Drink durch ein Barsieb oder das Sieb im Oberteil abgießen.

1 Kiwischeibe, 1 Orangenscheibe und 1 Cocktailkirsche auf den Glasrand aufstecken und anschließend in das Glas zwei Trinkhalme stellen, fertig ist der Drink.

Prinzessin

Zutaten:

- 2 cl Kokossirup
- 10 cl Pfirsichnektar
- 10 cl Maracujanektar
- 10 cl Fruchtmolke Multivitamin

Zeitaufwand: 3 min

Schweregrad: für Anfänger

Zubereitung:

Eis in einen Shaker geben und ebenfalls die Zutaten. Nun alles gut shaken. In ein Cocktailglas ein paar Eiswürfel geben und die Mischung hinzufügen.

Strawberry Kiss

Zutaten:

- [ ] 1 cl Sahne
- [ ] 100 g Erdbeeren, frisch
- [ ] 1 cl Erdbeersirup
- [ ] 2 cl Orangensaft
- [ ] 1 cl Zitronensaft
- [ ] 2 cl Ananassaft

Zeitaufwand: 5 min

Schweregrad: für Anfänger

Zubereitung:

Zunächst die Erdbeeren waschen, den Strunk und die Blätter von den Erdbeeren entfernen. Zusammen mit etwas Crushed Ice in einen Blender geben und mixen.

Dann den Ananassaft, den Orangensaft, den Zitronensaft, den Erdbeersirup und die Sahne miteinander mixen.

Ein wenig Crushed Ice in ein Hurricane-Glas geben und den Strawberry Kiss aus dem Shaker in das Glas geben.

Am Glasrand idealerweise eine frische Erdbeere aufstecken.

Surfer

Zutaten:

- ☐ 4 cl Kokossirup
- ☐ 2 cl Blue Curacao alkoholfrei
- ☐ 2 cl Zitronensaft
- ☐ 2 cl Sahne
- ☐ 12 cl Ananassaft

Zeitaufwand: 3 min

Schweregrad: für Anfänger

Zubereitung:

In einen Shaker ein paar Eiswürfel geben und die Zutaten ebenfalls nach und nach hinzugeben und alles gut miteinander mixen. In ein Cocktailglas ein paar Eiswürfel geben und den Drink aus dem Shaker durch ein Barsieb in das Glas abseihen.

Virgin Vampire

Zutaten:

- [ ] 2 cl Grenadine
- [ ] 2 cl Maracujasaft
- [ ] 6 cl Ananassaft
- [ ] 2 cl Mandelsirup
- [ ] 4 cl Sahne

Zeitaufwand: 5 min

Schweregrad: für Anfänger

Zubereitung:

Eis in einen Shaker geben und die Zutaten ebenfalls nach und nach und alles gut shaken. In ein Cocktailglas bis zur Hälfte Crushed Ice hinzugeben und den Mix durch ein Barsieb in das Glas abseihen. Die Grenadine anschließend ganz vorsichtig rundherum am Rand einträufeln lassen.

Göttertrunk

Zutaten:

- [ ] 4 cl Orangensaft
- [ ] 8 cl Kirschsaft
- [ ] 2 cl Zuckersirup
- [ ] 1 frisches Eigelb

Zeitaufwand: 3 min

Schweregrad: für Anfänger

Zubereitung:

Die Zutaten in einem Shaker kurz durchschütteln. Ein Glas zu 1/3 mit Eiswürfeln auffüllen und durch ein Barsieb die Mischung in ein Cocktailglas abseihen. Als Deko eine Orangenscheibe an den Glasrand stecken, einen Trinkhalm dazugeben und servieren.

Coras Dream

Zutaten:

- 4 cl Sahne
- 4 cl Blue Curacao Sirup
- 8 cl Maracujasaft
- 6 cl Orangensaft
- 10 cl Ananassaft
- 8 cl Bananennektar

Zeitaufwand: 5 min

Schweregrad: für Anfänger

Zubereitung:

Die Zutaten außer dem Blue Curacao Sirup, in einen Shaker geben. Alles gut shaken. Die Mischung in ein Hurricaneglas geben. Crushed Ice dazu und dann den Blue Curacao Sirup kreisförmig über das Eis laufen lassen.

Fruchtig / Süß

Italian Nights

Zutaten:

- ☐ 1 St. Ingwer
- ☐ 2 cl Holunderblütensirup
- ☐ 10 cl Bitterino
- ☐ 2 St. Eiswürfel

Zeitaufwand: 5 min

Schweregrad: für Anfänger

Zubereitung:

Zunächst den Ingwer schälen und anschließend in Scheiben schneiden. Den Ingwer in ein Glas geben und etwas zerdrücken und nun den Holunderblütensirup zum Ingwer ins Glas geben und das Ganze mit dem Bitterino auffüllen.

Am Ende 2 bis 3 Eiswürfel in ein Glas geben und anschließend den Cocktail servieren.

Ipanema alkoholfrei

Zutaten:

- ☐ 1 St. Limette
- ☐ 2 TL Rohrzucker
- ☐ 80 ml Ginger Ale
- ☐ 40 ml Maracujasaft
- ☐ 2 Bl. Minze
- ☐ 3 EL Crushed Ice

Zeitaufwand: 5 min

Schweregrad: für Anfänger

Zubereitung:

Zunächst einmal die Limetten auspressen und den Saft anschließend in ein Whiskeyglas oder Tumbler gießen. Im nächsten Schritt den Zucker dazugeben und das Ganze sehr gut miteinander verrühren. In das Glas bis zum Rand Crushed Ice geben und den Ginger Ale dazugeben und zum Schluss den Maracujasaft. Einen Trinkhalm ins Glas geben und mit einer halben Maracuja servieren.

Braveheart

Zutaten:

- ☐ 1 cl Orgeat
- ☐ 2 cl Cassis
- ☐ 8 cl Orangensaft
- ☐ 10 cl Kirschsaft
- ☐ 2 cl Lime Juice

Zeitaufwand: 3 min

Schweregrad: für Anfänger

Zubereitung:

Lime Juice, Cassis, Kirschsaft, Orgeat und den Orangensaft in einen Shaker geben und alles gut miteinander vermischen. In ein Ballonglas bis zur Hälfte Eiswürfel hineingeben und dann den Saft über die Eiswürfel gießen.

Einen Trinkhalm in das Glas geben und als Dekoration eine Orangenscheibe hinzufügen.

Winterfrische

Zutaten:

- ☐ 1 cl Grenadine
- ☐ 2 cl Orgeat (Mandelsirup)
- ☐ 7 cl Orangensaft
- ☐ 4 cl Ananassaft
- ☐ 2 cl Lime Juice

Zeitaufwand: 3 min

Schweregrad: für Anfänger

Zubereitung:

Den Ananassaft, den Orangensaft, den Lime Juice, die Grenadine und den Orgeat in einem Longdrinkglas mit ein paar Eiswürfeln verrühren.

Einen Trinkhalm in das Glas geben und mit einer Orangenscheibe servieren.

Flamingo

Zutaten:

- [ ] 6 cl Orangensaft
- [ ] 1 cl Maracujasirup
- [ ] 1 cl Zitronensaft
- [ ] 1 cl Mandelsirup
- [ ] 1 cl Grapefruitsaft
- [ ] 3 St. Eiswürfel
- [ ] 1 Dash Grenadine

Zeitaufwand: 3 min

Schweregrad: für Anfänger

Zubereitung:

Den Maracujasirup, Orangensaft, Zitronensaft, Grenadine, Grapefruitsaft und Mandelsirup in einen Shaker geben und gut schütteln.

In ein Longdrinkglas einige Eiswürfel hineingeben und den Drink durch ein Barsieb abseihen. Die Flüssigkeit in das Longdrinkglas geben und eine Zitronenscheibe zum Dekorieren hinzufügen.

Red Fanta

Zutaten:

- 3 cl Grenadine
- 3 cl Erdbeersirup
- 4 cl Limettensaft
- 5 ml Fanta
- 100 ml Soda zum Auffüllen

Zeitaufwand: 3 min

Schweregrad: für Anfänger

Zubereitung:

Alle Zutaten außer dem Soda nacheinander in ein Cocktailglas füllen und das Ganze mit Soda auffüllen. Anschließend mit einer Limettenscheibe am Glasrand und einem Cocktailrührer garnieren.

Honigflip

Zutaten:

- 2 cl Johannisbeernektar, schwarz
- 1 St. Eigelb
- 3 St Eiswürfel
- 0,25 l Milch, kalt
- 1 EL Honig, natur

Zeitaufwand: 3 min

Schweregrad: für Anfänger

Zubereitung:

Die Milch, den Johannisbeernektar, das Eigelb und den Honig zusammen mit Eiswürfeln in den Shaker geben und alles gut durchschütteln. Durch ein Barsieb abseihen und in ein Longdrinkglas geben.

Der Honigflip wird mit einem Zitronenstück und einer Cocktailkirsche serviert.

Wild Berry Longdrink

Zutaten:

- ☐ 5 St. Eiswürfel
- ☐ 3 EL Beeren (gemischt, frisch)
- ☐ 2 cl Zuckersirup
- ☐ 0,5 St. Limette
- ☐ 1 Schuss Schweppes Indian Tonic Water

Zeitaufwand: 5 min

Schweregrad: für Anfänger

Zubereitung:

Die frischen Beeren werden in einen Mixer gegeben und anschließend muss die Limette ausgepresst und der Saft zu den Beeren gegeben werden. Den Zuckersirup dazugeben und alles fein mixen bzw. pürieren.

Den Beerenmix in ein Longdrinkglas umfüllen. Die Mischung mit Schweppes auffüllen. Im letzten Schritt die ganzen Beeren in das Glas geben und ebenfalls einen Trinkhalm.

Braveheart

Zutaten:

- [ ] 1 cl Orgeat (Mandelsirup)
- [ ] 2 cl Cassis
- [ ] 8 cl Orangensaft
- [ ] 10 cl Kirschsaft
- [ ] 2 cl Lime Juice

Zeitaufwand: 3 min

Schweregrad: für Anfänger

Zubereitung:

Lime Juice, Kirschsaft, Cassis, Orgeat und Orangensaft in einen Shaker geben und alles miteinander gut vermischen. Ein Ballonglas bis zur Hälfte mit Eiswürfeln befüllen und den Saft über die Eiswürfeln geben. Einen Trinkhalm in das Glas geben und für die Dekoration eine Orangenscheibe hinzufügen.

Sweety

Zutaten:

- ☐ 1 cl Zitronenschale
- ☐ 4 cl Orangensaft
- ☐ 4 cl Ananassaft

Zeitaufwand: 3 min

Schweregrad: für Anfänger

Zubereitung:

Den Ananassaft und den Orangensaft mit der geriebenen Zitronenschale in einen Shaker geben. Eiswürfel dazugeben und die Zutaten kräftig durchschütteln. Den Drink durch ein Barsieb abseihen in ein Cocktailglas schütten und zum Schluss mit einem Trinkhalm servieren.

Himbeer-Minz-Drink

Zutaten:

- ☐ 1 Schuss Mineralwasser
- ☐ 1 EL Zucker
- ☐ 8 Bl. Minze
- ☐ 250 g Himbeeren

Zeitaufwand: 3 min

Schweregrad: für Anfänger

Zubereitung:

Die Himbeeren zusammen mit dem Zucker vermischen und mit Crushed Ice in einem Mixer pürieren. In einem Mörser die Minze zerstoßen und den Saft der Minze auffangen und dann in ein Glas geben. Das Himbeerpüree zum Minzsaft geben und alles mit einem Schuss Mineralwasser auffüllen. Den Drink mit einer Himbeere am Glasrand garnieren.

Rosaroter Panther

Zutaten:

- 9 cl Orangensaft
- 1 cl Kokossirup
- 1 cl Grenadine
- 0,5 cl Zitronensaft (frisch gepresst)
- 1 Schuss Bitter Lemon (eiskalt)

Zeitaufwand: 3 min

Schweregrad: für Anfänger

Zubereitung:

Zuerst in einen Shaker einige Eiswürfel geben und dann die Zutaten, außer dem Bitter Lemon, gut shaken. Die Eiswürfel in ein Longdrinkglas geben und durch ein Barsieb den geschüttelten Drink abseihen. Anschließend mit dem Bitter Lemon auffüllen.

Frozen Mint

Zutaten:

- [ ] 5 cl Bitter Lemon
- [ ] 5 cl grüner Pfefferminzsirup
- [ ] 3 St. Kiwi
- [ ] 2 Zw. Minze (frisch, Blätter)
- [ ] 2 St. Zitrone (Stücke)
- [ ] 1 EL Ahornsirup
- [ ] 1 St. Zitrone (Saft)
- [ ] 5 El Crushed Ice

Zeitaufwand: 5 min

Schweregrad: für Anfänger

Zubereitung:

Zunächst die Kiwi längs halbieren und das Fruchtfleisch zerkleinern. Das Fruchtfleisch in eine Schüssel und in das Tiefkühlfach geben und für ca. 30 Minuten anfrieren lassen.

Die Zitrone halbieren und die Frucht aus den Trennwänden herausschneiden. Den Saft der Zitrone auffangen und die Zitrone in kleine Stücke schneiden und ebenfalls in das Tiefkühlfach für etwa 30 Minuten geben.

Die Minzblätter von den Stielen abzupfen und den Ahornsirup, die Kiwistücke, den Bitter Lemon, den Zitronensaft und das Minzsirup mit etwas Crushed Ice in einem Mixer pürieren. Die Mischung in ein Tumbler Glas geben.

Am Ende schnell die Zitronenstücke zusammen mit dem restlichen Crushed Ice in dem Mixer pürieren und oben auf den Kiwi-Mix geben.

Den Drink mit ein paar Minzblättern und einer Zitronenscheibe garnieren.

Fruit Sunrise

Zutaten:

- [ ] 100 ml Orangensaft
- [ ] 50 ml Maracujasaft
- [ ] 50 ml Kokos-Ananassaft
- [ ] 10 ml Mangosaft
- [ ] 1 Schuss Grenadine

Zeitaufwand: 3 min

Schweregrad: für Anfänger

Zubereitung:

Den Orangensaft, Maracujasaft, Kokossaft, Ananassaft und Mangosaft zusammen in einen Shaker geben und alles gut durchschütteln, anschließend in ein hohes Cocktailglas ein paar Eiswürfel geben und die Mischung darüber gießen.

Einen Schuss Grenadine vorsichtig dazugeben. Es ist wichtig, dass die Grenadine sich nicht mit den anderen Säften vermischt.

Das Ganze zum Schluss mit Obst dekorieren und einen Trinkhalm in das Glas geben.

Push up

Zutaten:

- ☐ 7 cl Red Bull
- ☐ 8 cl Pfirsichsaft
- ☐ 8 cl Ananassaft
- ☐ 2 cl Zitronensaft

Zeitaufwand: 3 min

Schweregrad: für Anfänger

Zubereitung:

Die Zutaten zusammen in einen Shaker geben und gut durchschütteln. Die Mischung aus dem Shaker in ein Glas geben und mit Eiswürfel auffüllen.

Bitter / Herb

Roi Sour

Zutaten:

- [ ] 200 ml Roi Lemon (abgekühlt)
- [ ] 100 ml Orangensaft
- [ ] 1 EL Granatapfelsaft
- [ ] 1 TL Zitronensaft
- [ ] 1 Handvoll Eiswürfeln

Zeitaufwand: 5 min

Schweregrad: für Anfänger

Zubereitung:

Zwei Teelöffel Roi Lemon Tee mit 200 ml heißem Wasser aufgießen und anschließend 5 Minuten ziehen lassen.

Anschließend den Tee abkühlen lassen und dann den Orangensaft dazugeben und ebenso den Granatapfelsaft.

In ein Glas einige Eiswürfel hineingeben und diese mit dem Zitronensaft beträufeln.

Nun den Tee zusammen mit dem Saft in das Glas geben und das Ganze mit Zitronensaft verzieren.

Scharfer Herbie

Zutaten:

- ☐ 1 EL Zitronensaft
- ☐ 8 cl Grapefruitsaft
- ☐ 2 cl Grenadine
- ☐ 2 cl Mandelsirup
- ☐ n.B. Ginger Ale
- ☐ einige Eiswürfel

Zeitaufwand: 10 min

Schweregrad: für Anfänger

Zubereitung:

Den Grapefruitsaft, den Orangensaft, den Mandelsirup und die Grenadine zusammen mit ein paar Eiswürfeln in ein Glas geben und alles umrühren. Das Ganze mit Ginger Ale auffüllen.

Nach Wunsch noch dekorieren.

Tropensonne

Zutaten:

- [ ] 160 g Grapefruitsaft (ca. 1/6 lt.)
- [ ] 75 g Mango, geschält und gewürfelt
- [ ] 1 TL Zucker
- [ ] 1/8 Liter Buttermilch
- [ ] Minze für die Deko

Zeitaufwand: 10 min

Schweregrad: für Anfänger

Zubereitung:

Die Mango waschen sowie schälen und anschließend diese halbieren und den Kern entfernen. Die Mango vierteln und in Stücke schneiden.

Den Grapefruitsaft, die Mango, die Buttermilch und den Zucker in einer Küchenmaschine oder mit einem sogenannten Zauberstab mixen. In ein Longdrinkglas geben und am Glasrand einen Minzezweig aufstecken.

Grapefruit Melonen Cooler

Zutaten:

- 600 g Melonen (Wasser)
- 1 Limette
- 4 TL Rohrzucker
- 400 ml Grapefruitsaft, pink
- Minze zum Garnieren

Zeitaufwand: 3 Std. 10 min

Schweregrad: für Anfänger

Zubereitung:

Die Wassermelone schälen und anschließend entkernen. Für einige Stunden im TK-Schrank anfrieren lassen. Die Limette in dünne Scheiben schneiden und den Zucker mit den Früchten im Mixer pürieren. Auf 4 Gläser die Mischung verteilen und diese mit Pink Grapefruitsaft auffüllen.

Zum Schluss mit Limettenscheiben und Minze garnieren.

Pussy Foot

Zutaten:

- [ ] 6 cl Ananassaft
- [ ] 6 cl Orangensaft
- [ ] 6 cl Grapefruitsaft
- [ ] 2 cl Grenadinesirup

Zeitaufwand: 5 min

Schweregrad: für Anfänger

Zubereitung:

Den Ananassaft, den Orangensaft, den Grapefruitsaft und den Grenadinesirup in einen Shaker geben. Ein paar Eiswürfel dazugeben und gut durchschütteln. Ein paar Eiswürfel in ein Cocktailglas geben und den Cocktail in das Glas abgießen.

Bitter Fruit

Zutaten:

- ☐ 5 cl Saft (Sauerkirschnektar)
- ☐ 2 cl Grapefruitsaft
- ☐ 5 cl Orangensaft
- ☐ 10 cl Limonade (Bitter Lemon)
- ☐ 1 Scheibe Limette

Zeitaufwand: 3 min

Schweregrad: für Anfänger

Zubereitung:

In ein Longdrinkglas ein paar Eiswürfel geben und dann die Säfte darüber gießen und verrühren.

Alles mit Bitter Lemon aufgießen und noch einmal gut umrühren.

Den Cocktail mit einer Limettenscheibe garnieren.

Sunshine

Zutaten:

- ☐ 10 ml Zitronensaft
- ☐ 10 ml Mandelsirup
- ☐ 1 Zitrone, 1 Scheibe als Garnitur
- ☐ 140 ml Limonade (Bitter Lemon)

Zeitaufwand: 5 min

Schweregrad: für Anfänger

Zubereitung:

Die Eiswürfel in ein hohes Cocktailglas geben. Den Zitronensaft mit dem Mandelsirup mischen. Die Mischung über das Eis im Glas gießen und alles mit Bitter Lemon auffüllen.

Eine Zitronenscheibe am Rand des Glases als Deko aufstecken.

Mowgli

Zutaten:

- ☐ 1 Guave aus der Dose
- ☐ 125 ml Johannisbeersaft
- ☐ Limonade (Bitter Grapefruit) zum Auffüllen

Zeitaufwand: 5 min

Schweregrad: für Anfänger

Zubereitung:

Zunächst die Guave in vier Stücke schneiden und anschließend in ein hohes Glas geben.

Zwei Esslöffel vom Guavensirup aus der Dose mit dem Johannisbeersaft mischen.
Alles mit gekühltem Bitter Grapefruit auffüllen.

Blauer Kapitän

Zutaten:

- [ ] 40 ml Sirup (Blue Curacao)
- [ ] 20 ml Limettensaft
- [ ] Limonade (Bitter Lemon), zum Auffüllen
- [ ] 1 Cocktailkirsche

Zeitaufwand: 5 min

Schweregrad: für Anfänger

Zubereitung:

In ein Glas ein paar Eiswürfel geben und dann den Sirup zusammen mit dem Limettensaft in das mit Eiswürfel gefüllte Glas geben.

Im nächsten Schritt den Bitter Lemon nehmen und die Mischung aus dem Sirup und dem Limettensaft damit auffüllen.

Zur Dekoration mit frischer Minze garnieren und eine Cocktailkirsche in das Glas geben.

Haiti

Zutaten:

- 1 kleine Ananas
- 4 cl Kokosmilch
- 100 ml Orangensaft
- 2 cl Orange Bitter
- 2 cl Zitronensaft
- etwas gecrushtes Eis
- einige Orangenspalten zum Dekorieren
- einige Zitronenspalten zum Dekorieren
- etwas Zitronenmelisse

Zeitaufwand: 10 min

Schweregrad: für Anfänger

Zubereitung:

Bei der Ananas zunächst den Deckel abschneiden und die Frucht danach aushöhlen. Das Fruchtfleisch wird in Stücke geschnitten und die Ananasränder werden in Zacken geschnitten.

Das herausgearbeitete Fruchtfleisch zusammen mit der Kokosmilch, dem Orangensaft, dem Bitter Orange und dem Zitronensaft zusammen geben. Alles miteinander pürieren.

In einen Shaker gecrushtes Eis geben und die pürierte Mischung zu dem Eis in den Shaker geben. Alles gut durchschütteln. Die gesamte Mischung in die ausgehöhlte Ananas füllen.

Zum Abschluss die in Spalten geschnittenen Orangen und Zitronen zur Garnierung dazugeben.

Mit Zitronenmelisse anrichten und servieren.

Broken Clock

Zutaten:

- ☐ 5 Kumquats
- ☐ 1 cl Limettensaft
- ☐ 3 cl Orangensaft oder Grapefruitsaft
- ☐ 4 cl Crodino
- ☐ eineinhalb Teelöffel brauner Zucker

Zeitaufwand: 10 min

Schweregrad: für Anfänger

Zubereitung:

Die Kumquats waschen und halbieren. Die Kumquats und den braunen Zucker in ein Glas geben. Die Mischung ausdrücken und den Limettensaft sowie den frischen Orangensaft oder den Grapefruitsaft dazugeben sowie den Crodino.

Die Mischung mit Crushed Ice auffüllen.

With the Coco

Zutaten:

☐ 5 Stücke frische Ananas, etwa 1 cm groß

☐ ¼ bis ½ asiatische Chilischote

☐ 6 cl roasted Coconut Water

☐ 1,5 cl Kokossirup

☐ Crushed Ice

Zeitaufwand: 10 min

Schweregrad: für Anfänger

With the Coco

Zubereitung:

Die Ananas von der Schale befreien und in 5 Stücke zerteilen und diese Stücke in 1 cm große Stücke schneiden. Die Ananasstücke mit dem Chili in einen Shaker geben. Alles mit einem Stößel zerdrücken. So können sich der Ananassaft und die Kerne vermischen. Das Roasted Coconut Water sowie den Kokossirup dazugeben und gut shaken.

Nach dem Shaken durch ein Sieb über das Crushed Ice gießen und servieren.

Ingwer-Lemon-Soda

Zutaten:

- [ ] 20 g Ingwer, geschält, in kleine Stücke geschnitten
- [ ] Zitronengras, 1 cm lange Stücke
- [ ] Mineralwasser
- [ ] ½ Barlöffel Kurkumapulver

Eiswürfel in den Shaker geben und alles gut durchschütteln. Ein wenig Crushed Ice in einen Bowle Teller geben und die Mischung in den Shaker mit einem Barsieb und einem Teesieb abseihen. So bleiben keine Fruchtstücke zurück.

Ingwer-Lemon-Soda

Zubereitung:

Den Ingwer schälen und anschließend diesen klein schneiden. Das Zitronengras in 1 cm lange Stücke schneiden. Den Ingwer und das Zitronengras mit dem Mineralwasser mischen und ansetzen. Den Ingwer-Lemon-Soda durchziehen lassen und anschließend die Ananas-Kokos-Mischung mit 6 cl Ingwer-Lemon-Soda auffizzen.

Als letztes einen halben Barlöffel Kurkumapulver für die Farbe dazugeben.

Bellezza

Zutaten:

- ☐ 1 reifer Pfirsich
- ☐ 2 Himbeeren
- ☐ 1 Zitrone unbehandelt
- ☐ 2-3 g Zucker
- ☐ 0,1 Liter Soda
- ☐ 0,1 Liter Tonic Water

Zeitaufwand: 15 min

Schweregrad: für Anfänger

Pfirsichsirup

Zubereitung:

Den Pfirsich schälen und anschließend den Kern aus dem Pfirsich entfernen. Das Fruchtfleisch in grobe Stücke schneiden, dann die unbehandelte Zitrone abreiben. Den Saft aus der Zitrone auspressen und diesen sowie die Himbeeren, den Zucker und 3 cl Leitungswasser zusammen in ein Gefäß geben. Für fünf Stunden abgedeckt bei Raumtemperatur ziehen lassen.

Den entstandenen Ansatz pürieren oder in einen Mixer geben. Danach durch ein großes Sieb drücken. Den Sirup danach kalt stellen.

Cocktail

Zubereitung:

In ein Longdrinkglas Eiswürfel hineingeben und danach 0,1 Liter Tonic Water sowie 0,1 Liter Soda. Den selbstgemachten Pfirsichsirup in das Longdrinkglas geben und die Mischung vorsichtig umrühren.

Ein Pfirsichstück nehmen und damit den Cocktail dekorieren.

Passionsfrucht Pisco

Zutaten:

- ☐ 1 frische Maracuja oder Passionsfrucht
- ☐ 1 Limette, geviertelt
- ☐ 1 EL weißer Rohrzucker (kaltlöslich)
- ☐ 4 cl Soda
- ☐ 4 cl Lime Juice

Zeitaufwand: 10 min

Schweregrad: für Fortgeschrittene

Zubereitung:

Die Maracuja waschen und anschließend diese halbieren und den Kern entfernen. Auf die Schnittseite einer Maracujahälfte Zucker drüber streuen. Die Zuckerschicht mit dem Bunsenbrenner karamellisieren.

Die andere Hälfte wird in einen Shaker gegeben. Die Limette waschen und anschließend vierteln. Mit der Hand oder mit einer Barzange den Saft aus der Limette ausdrücken. Den Saft in den Shaker zu der Maracuja geben.

Den Rohrzucker und den Soda sowie den Lime Juice in den Shaker geben. Crushed Ice ebenfalls hinzugeben und alles gut durchschütteln.

Einen Tumbler vorkühlen und die Mischung mit dem Crushed Ice in den vorgekühlten Tumbler geben.

Die zuvor halb flambierte Maracuja auf den Tumbler als Dekoration auflegen.

In den Drink einen Kaffeelöffel geben und direkt servieren.

Little Libanese Fizz

Zutaten:

- ☐ 3 Stück Wassermelone
- ☐ 4 cl Zitronensaft
- ☐ 3 cl Läuterzucker (1:1)
- ☐ 1 BLF Puderzucker
- ☐ 1o cl Sodawasser
- ☐ 2 Minzezweige
- ☐ 1 Zitronenzeste
- ☐ 1 Prise Fleur de Sel

Zeitaufwand: 5 min

Schweregrad: für Anfänger

Zubereitung:

Die Melone waschen sowie halbieren und anschließend die Melone in Stücke schneiden. 3 Stücke der Melone zusammen mit einem Minzezweig in einen Shaker geben. Mithilfe eines Stößels die Melone und die Minzezweige zerdrücken. Eiswürfel in den Shaker geben. Dann den Läuterzucker, die Zitrone und den Puderzucker ebenfalls dazugeben.

Alles kräftig durchschütteln und nach dem Schütteln Sodawasser in den Shaker dazugeben.

Ein Longdrinkglas bereitstellen und in dieses einige Eiswürfel geben. Die Mischung im Shaker durch einen Strainer abseihen. In das Glas den zweiten Minzezweig geben.

Über den Cocktail die Zitronenzesten bestreuen und anschließend eine Prise Fleur de Sel darüber streuen.

Kiss from a Rose

Zutaten:

- ☐ 3 cl frischer Zitronensaft
- ☐ 2 cl Rhabarbersirup
- ☐ 1 cl Rosenwasser
- ☐ 10 cl Sodawasser

Zeitaufwand: 5 min

Schweregrad: für Anfänger

Zubereitung:

500 ml Rhabarbersaft mit 400 g Zucker in einem Topf aufkochen lassen.

Den Rhabarbersirup abkühlen lassen.

Im Anschluss mit dem Rosenwasser und dem Soda in ein Highball-Glas geben. Die Mischung im Highball Glas mit Crushed Ice auffüllen. Einen Strohhalm in das Glas geben und mit Beeren und einer Rosenblüte dekorieren.

Very Bene

Zutaten:

- ☐ 30 ml Myrthesirup
- ☐ 50 ml Verjus (saurer Saft von unreifen Trauben)
- ☐ 5 Spritzer Cocktailbitters
- ☐ Sodawasser

Zeitaufwand: 15 min

Schweregrad: für Anfänger

Zubereitung:

Zunächst einmal einen kräftigen Myrthetee aufbrühen und anschließend im Verhältnis 1:1 mit dem Zucker einkochen. (1 Liter Tee- 1 Kilogramm Zucker).

In ein Weinglas Eis geben. 30 ml von dem Myrthesirup in das Glas geben und dann den Verjus dazugeben sowie den Bitters. Alles gut umrühren und anschließend mit spritzigem Soda auffüllen.

Dekorieren kann man diesen Cocktail mit Lavendelzweigen.

Erfrischend

Allegro

Zutaten:

- ☐ 3 Blätter Minze
- ☐ 2 cl Limettensaft, frisch gepresst
- ☐ 2 cl Sirup (Zuckersirup)
- ☐ Mineralwasser

Zeitaufwand: 5 min

Schweregrad: für Anfänger

Zubereitung:

Ein Longdrinkglas bereitstellen und die Minzblätter mit dem Limettensaft und dem Zuckersirup in dem Longdrinkglas zerdrücken. Die Eiswürfel in das Longdrinkglas geben und die Mischung mit dem Mineralwasser auffüllen.

Soft Lemon Cooler

Zutaten:

- ☐ 2 Würfel Eis
- ☐ 1 TL Grenadine
- ☐ 1 Zitrone, Saft davon
- ☐ 6 cl Tonic Water

Zeitaufwand: 3 min

Schweregrad: für Anfänger

Zubereitung:

Eiswürfel in ein Longdrinkglas geben und dann den Zitronensaft mit dem Tonic und dem Water dazugießen. Nun alles umrühren und zum Schluss das Mineralwasser dazugeben.

Meladori Magpil

Zutaten:

- ☐ 2 cl Apfelsaft
- ☐ 2 cl Traubensaft, roter
- ☐ 2 cl Saft (Cranberry Saft, kann auch weggelassen werden)
- ☐ Ginger Ale zum Auffüllen
- ☐ etwas Zitronensaft oder Zitronenscheibe
- ☐ Johannisbeeren oder kleine Früchte nach Geschmack bzw. Jahreszeit
- ☐ 2 Würfel Eiswürfel

Zeitaufwand: 5 min
Schweregrad: für Anfänger

Zubereitung:

Den Apfelsaft, den Traubensaft und den Cranberry Saft zusammen in ein Cocktailglas gießen. Die Eiswürfel dazugeben und die Zitronenscheibe etwas ausquetschen oder vom Zitronensaft einen guten Schuss dazugeben.

Von den Johannisbeeren für die Deko einige Beeren zurücklegen. Wer mag kann sie aber auch weglassen oder durch andere Früchte ersetzen.

Die Mischung mit dem Ginger Ale auffüllen und mit etwas Glück oder mit dem richtigen Können bilden sich zwei Schichten. Hierzu benötigt man jedoch ein bisschen Übung, damit man diesen Anblick genießen kann.

Einen Strohhalm in den Cocktail geben und vor dem Genießen die Mischung mit dem Strohhalm umrühren.

California Shake

Zutaten:

- ☐ 1 Mango, reif, geschält, Fruchtfleisch vom Stein geschnitten
- ☐ 400 g Erdbeeren, geputzt
- ☐ 1 Banane, geschält
- ☐ 500 ml Orangensaft, frisch gepresst
- ☐ 200 ml Wasser, eiskaltes

Zeitaufwand: 20 min

Schweregrad: für Anfänger

Zubereitung:

Die Mango waschen und schälen und anschließend halbieren und den Stein der Mango entfernen. Das Fruchtfleisch muss ebenfalls entfernt werden. Die Erdbeeren waschen und putzen und die Banane schälen sowie in Scheiben schneiden.

Die Mango, die Banane und die Erdbeeren in einen Mixer geben und alles fein pürieren. Ein Longdrinkglas nehmen und ein paar Eiswürfel in dieses geben. Die Fruchtmischung mit Orangensaft und Wasser nach Geschmack verdünnen und im Longdrinkglas servieren.

Exotic Fruit Punch

Zutaten:

- ☐ 2 cl Grenadine
- ☐ 1 ½ cl Zitronensaft
- ☐ 4 cl Ananassaft
- ☐ 4 cl Orangensaft
- ☐ 4 cl Saft (Mangonektar)
- ☐ 4 cl Maracujasaft

Zeitaufwand: 3 min

Schweregrad: für Anfänger

Zubereitung:

Einen Shaker bereitstellen und in diesen 4 Eiswürfel geben. Die Grenadine, den Zitronensaft, den Ananassaft, den Orangensaft, den Mangonektar und den Maracujasaft dazugeben. Das Ganze nun für etwa 15 Sekunden im Shaker gut durchschütteln.

In ein hohes Glas 4 Eiswürfel geben und dann die Mischung aus dem Shaker durch ein Barsieb geben und in das Glas gießen.

Caipi à la Dready

Zutaten:

- ☐ 1 Limette
- ☐ Brauner Zucker
- ☐ Crushed Ice
- ☐ Mineralwasser
- ☐ 1 cl Maracujasirup

Zeitaufwand: 5 min

Schweregrad: für Anfänger

Zubereitung:

Auf die Limette leichten Druck ausüben und sie rollen. Dies kann perfekt mit dem Handballen ausgeführt werden, so kommt mehr Saft beim Pressen heraus. Die Limette vierteln und dann in ein Caipirinha-Glas geben. Den braunen Zucker über die Limette geben und alles miteinander mit einem Holzstößel zerdrücken. So lange zerdrücken, bis die Limetten in ihrem eigenen Saft versinken.

Fast bis zum Rand das Glas mit Crushed Ice auffüllen und das Mineralwasser dazugeben.

Am Ende den Maracujasaft zur Mischung ins Glas geben und einen Caipi Strohhalm hinzufügen.

Die Mischung noch einmal umrühren und den Cocktail servieren.

Fruit Cup

Zutaten:

- ☐ 10 cl Maracujasaft
- ☐ 6 cl Ananassaft
- ☐ 6 cl Zitronensaft
- ☐ 4 cl Orangensaft
- ☐ 1 TL Blue Curacao, alkoholfrei
- ☐ Crushed Ice

Zeitaufwand: 3 min

Schweregrad: für Anfänger

Zubereitung:

In einen Shaker etwas Crushed Ice geben. Den Ananassaft, den Zitronensaft, den Maracujasaft und den Orangensaft ebenfalls hineingeben. 1 Minute lang kräftig durchschütteln.

Die fertige Mischung durch ein Barsieb in ein passendes Glas schütten und zum Schluss den Blue Curacao über die Mischung träufeln. Für die Dekoration beliebig mit Früchten garnieren.

Orangen Flip

Zutaten:

- ☐ 1 Glas Orangensaft
- ☐ 2 Kugeln Eis (Mango-Ananas-Sorbet)
- ☐ etwas Erdbeersirup
- ☐ n.B. Sahne

Zeitaufwand: 5 min

Schweregrad: für Anfänger

Zubereitung:

Ein passendes Glas bereitstellen und den Orangensaft in dieses geben. Zwei Bällchen von dem Eis ebenfalls dazugeben und anschließend den Erdbeersirup dazugeben und wenn gewünscht mit der geschlagenen Sahne garnieren.

Als Alternative zum Mango-Ananas-Sorbet kann auch Vanilleeis genommen werden.

Erdbeercocktail

Zutaten:

- 200 g Erdbeeren
- 1 Banane
- 2 Orangensaft oder
- 100 ml Orangensaft
- 1 Limette oder Zitrone
- 200 ml Ananas-Apfelsaft
- 4 cl Johannisbeersaft
- 2 EL Zucker, braun
- Eis, zerstoßenes

Zeitaufwand: 10 min

Schweregrad: für Anfänger

Zubereitung:

Die Erdbeeren waschen und anschließend diese halbieren. Die Banane von der Schale befreien und anschließend in Scheiben schneiden. Die Erdbeeren und die Banane im nächsten Schritt pürieren. Von der Limette und den Orangen den Saft auspressen und diesen mit dem Ananas-Apfelsaft mit dem Püree vermischen.

Die Mischung kann nach Geschmack noch gesüßt werden.

In zwei Gläser zunächst etwas Johannisbeersaft einfüllen und dann bis zur Hälfte sehr klein gestoßenes Eis dazugeben.

Die Fruchtmischung zum Schluss darüber geben.

Aronia Eistee

Zutaten:

- ☐ 1 Teil Orangensaft
- ☐ 1 Teil Apfelsaft
- ☐ 1 Teil Tee, (Schwarztee) kalter
- ☐ 1 Schuss Saft, Aronia
- ☐ Eiswürfel
- ☐ 1 Scheibe Zitrone

Zeitaufwand: 3 min

Schweregrad: für Anfänger

Zubereitung:

Den Tee wie gewohnt aufbrühen und anschließend den Orangensaft, den Apfelsaft und den Schwarztee in ein Glas geben und vermischen.

Vorsichtig den Aroniasaft dazugeben, dabei ist besonders wichtig, dass der Anteil Aroniasaft sanft zum Glasboden sinkt. Am Ende muss eine gelb-orangerote Schichtung entstehen.

Ein paar Eiswürfel dazugeben und mit einer Zitronenscheibe dekorieren.

Frische Kick

Zutaten:

- [ ] 200 ml Sirup (Limettensirup)
- [ ] 80 ml Kirschsaft
- [ ] Ginger Ale

Zeitaufwand: 3 min

Schweregrad: für Anfänger

Zubereitung:

Ein Glas bereitstellen und ein paar Eiswürfel in dieses geben.

Den Limettensirup mit dem Kirschsaft in das Glas geben und die Mischung umrühren.

Den Drink nun noch im letzten Schritt mit Ginger Ale auffüllen.

Caro

Zutaten:

- ☐ 50 ml Traubensaft, rot
- ☐ 50 ml Orangensaft
- ☐ 50 ml Apfelsaft
- ☐ 1 Prise Zucker, braun
- ☐ 5 Eiswürfel

Zeitaufwand: 5 min

Schweregrad: für Anfänger

Zubereitung:

Ein Glas bereitstellen und den Traubensaft, den Orangensaft und den Apfelsaft mixen. Den Rand des Glases etwas zuckern und die Saftmischung in das Glas geben.
Zum Schluss noch etwas von dem braunen Zucker über das Getränk streuen.

Ein paar Eiswürfel dazugeben und einen Strohhalm in das Glas geben.

Null Promille

Zutaten:

- ☐ 2 cl Sirup (Mandelsirup)
- ☐ 4 cl Ananassaft
- ☐ 4 cl Orangensaft
- ☐ 2 cl Zitronensaft
- ☐ 2 Eiswürfel
- ☐ etwas Crushed Ice
- ☐ 1 cl Grenadine
- ☐ etwas Obst, kleine Stücke

Zeitaufwand: 10 min

Schweregrad: für Anfänger

Zubereitung:

Ein Glas bereitstellen und den Ananassaft, den Orangensaft und den Zitronensaft in einen Shaker geben und alles gut durchschütteln.

In ein Glas Crushed Ice geben und dann die Mischung aus dem Shaker durch ein Barsieb abseihen und in das Glas füllen. Die Grenadine noch dazugeben.

Die Obststückchen auf einen Sticker spießen und diesen quer über das Glas legen. Schmeckt nicht nur gut, sondern ist auch ein Blickfang.

Sauer

ZEY.no1

Zutaten:

- [ ] 75 g Rohrohrzucker
- [ ] 150 ml stilles Mineralwasser
- [ ] 5 Zitronen, unbehandelt
- [ ] 300 ml Cranberry-Nektar
- [ ] 1 Zweig Minze
- [ ] 250 ml Molke
- [ ] 750 ml Mineralwasser, classic

Zeitaufwand: 5 min

Schweregrad: für Anfänger

Zubereitung:

Den Zucker mit dem Wasser aufkochen und das so lange, bis der Zucker sich ganz aufgelöst hat.

Die Zitronen waschen und anschließend den Saft auspressen. Den Zitronensaft und den Cranberrysaft mit der Minze, der Molke und ein paar von den Zitronenschalen dazugeben. Die Mischung gut abkühlen lassen. Die Mischung mit dem eisgekühlten Mineralwasser aufgießen.

Den Drink sofort servieren.

Sanddorn Cocktail alkoholfrei

Zutaten:

- ☐ 20 cl Apfelsaft
- ☐ 3 cl Sanddorn Direktsaft
- ☐ 1 saftige, vollreife Aprikose
- ☐ 2 Stängel Rosmarin
- ☐ Eiswürfel

Zeitaufwand: 5 min

Schweregrad: für Anfänger

Zubereitung:

Den Rosmarin in zwei circa 15 cm lange Stangen schneiden. Diese sind für die Deko.

Die Aprikose waschen sowie schälen und anschließend die Aprikose in Streifen schneiden. Die Aprikosen im nächsten Schritt in einen Shaker geben und 1 Esslöffel Rosmarin dazugeben. Alles gut mit einem Stößel andrücken und ein paar Eiswürfel dazugeben.

Den Sanddornsaft dazugeben und mit dem Apfelsaft auffüllen. Alles gut durchschütteln, bis ein kühler Cocktail entstanden ist.

Den Drink aus dem Shaker durch ein Barsieb abseihen und in ein Glas ein paar Eiswürfel geben. Den Drink nun in das Glas geben und mit den Rosmarinstängeln dekorieren.

Soda Zitron

Zutaten:

- ☐ 3 St. Zitrone
- ☐ 6 St. Eiswürfel
- ☐ 1 l Sodawasser
- ☐ 1 St. Limette

Zeitaufwand: 5 min

Schweregrad: für Anfänger

Zubereitung:

Einen Krug bereitstellen und das Sodawasser in diesen füllen. Zwei Zitronen waschen und schälen. Die Zitronen halbieren und den Saft auspressen und in den Krug geben. Die dritte Zitrone wird in Scheiben geschnitten. Die Limette waschen und ebenfalls in Scheiben schneiden. Die Zitronenscheiben und die Limettenscheiben ebenfalls in den Krug geben. Nach Wunsch ein paar Eiswürfel hinzufügen.

Eine Zitronenscheibe an den Glasrand stecken oder in das Glas geben. Nach Wunsch noch einen Strohhalm hinzufügen.

Die Mischung aus dem Krug auf Gläser verteilen.

Pflaumenschuss

Zutaten:

- ☐ 100 g rote Trauben
- ☐ 100 g rote Bete
- ☐ 100 g Pflaumen

Zeitaufwand: 3 min

Schweregrad: für Anfänger

Zubereitung:

Die roten Trauben, die rote Bete und die Pflaumen entsaften und anschließend in ein Becherglas geben und gut miteinander verrühren.

In ein Glas ein paar Eiswürfel geben und einen Strohhalm hinzufügen und den Cocktail direkt servieren.

Big Apple

Zutaten:

- ☐ 2 St. Zitronen (Saft, ausgepresst)
- ☐ 4 St. Äpfel (grün, Sorte granny smith)
- ☐ 100 ml Wasser
- ☐ 2 EL Apfelmus

Zeitaufwand: 3 min

Schweregrad: für Anfänger

Zubereitung:

Die Äpfel waschen und schälen, dann halbieren und das Kerngehäuse entfernen. Anschließend die Äpfel klein schneiden.

Die Zitrone waschen und im Anschluss den Saft auspressen. Die Apfelstücke zusammen mit dem Zitronensaft in den Smoothiemaker geben und mit dem Apfelmus verfeinern. Das Ganze mit Wasser auffüllen.

Alles gut durchmixen und die Mischung in ein Glas geben.

Eine Zitronenscheibe auf den Rand des Glases stecken und genießen.

Eistee-Ginger-Ale

Zutaten:

- 250 ml Schwarztee
- 250 ml Ginger Ale
- 1 St. Zitrone
- 3 TL Zucker
- 10 Bl. Minze
- 10 St. Eiswürfel

Zeitaufwand: 10 min

Schweregrad: für Anfänger

Zubereitung:

Den Schwarztee wie gewohnt zubereiten. Die Zitrone waschen und den Zitronensaft auspressen.

Den frisch gepressten Saft der Zitrone mit dem Schwarztee und dem Zucker in einen Krug füllen und die Mischung mit dem Ginger Ale aufgießen. Die Eiswürfel und die Minze anschließend dazugeben.

Limetten-Hot Shot

Zutaten:

- ☐ 0,25 TL Chili (gemahlen, frisch)
- ☐ 0,5 St. Limette
- ☐ 1 Bl. Minze (für die Deko)

Zeitaufwand: 3 min

Schweregrad: für Anfänger

Zubereitung:

Die Limette waschen und den Saft aus der Limette auspressen. Den Limettensaft dann in ein Shotglas geben und den frisch gemahlenen Chili zu dem Limettensaft hinzugeben. Für 5 bis 8 Minuten das Glas in den Kühlschrank stellen.

Die frische Minze zur Dekoration dazugeben.

Erdbeer-Vanille-Switchel

Zutaten:

- ☐ 70 ml Erdbeer Vanille Essig
- ☐ 4 EL Honig, flüssig
- ☐ 750 ml Wasser

Zeitaufwand: 3 min

Schweregrad: für Anfänger

Zubereitung:

Den Erdbeer Vanille Essig mit dem Honig und dem Wasser vermischen.

Die Mischung über Nacht in den Kühlschrank stellen. Je nach Geschmack mit mehr oder weniger Mineralwasser aufspritzen oder pur trinken.

Kirsch-Mango-Slush

Zutaten:

- [ ] 150 g Kirschen
- [ ] 1 St. Mango
- [ ] 1 Bch. Eiswürfel
- [ ] 100 ml Wasser

Zeitaufwand: 3 min

Schweregrad: für Anfänger

Zubereitung:

Die Kirschen waschen und entkernen. Die Mango im 2. Schritt waschen sowie schälen und ebenfalls entkernen und anschließend in kleine Würfel schneiden.

Die beiden Früchtesorten in den Gefrierbeutel geben und für ca. eine Stunde einfrieren.

Den Mango-Kirsch-Mix anschließend aus dem Gefrierfach holen und den Mix zusammen mit dem Wasser sowie den Eiswürfeln in einen Mixer füllen. Alles gut durchmischen.

Ist die Mischung zu dick noch etwas Wasser dazugeben oder noch ein oder zwei Eiswürfel hinzufügen. Der Effekt ist der gleiche.

Bergamo Nights

Zutaten:

- [ ] 1 Flasche Sanbitter
- [ ] 8 Scheiben frischer Ingwer (vier weitere für die Deko)
- [ ] 2 cl Holunderblütensirup
- [ ] 1 Physalis
- [ ] Cocktailspieß
- [ ] Eiswürfel

Zeitaufwand: 5 min

Schweregrad: für Anfänger

Zubereitung:

Mit einem Muddler (Cocktail Stößel) die Ingwerscheiben in einem Shaker zerdrücken und Eiswürfel dazugeben.

Den Holunderblütensirup in den Shaker geben und alles gut durchschütteln.

In ein kurzes Trinkglas einige Eiswürfel geben. Die Mischung aus dem Shaker durch ein Barsieb in das Trinkglas (Tumbler) abseihen und dann mit dem Sanbitter auffüllen.

Den Ingwer sowie die Physalis auf den Cocktailspieß stecken und in dem Glas platzieren.

Red Passion

Zutaten:

- ☐ 10 cl Sanbitter
- ☐ 2 cl Zitronensaft
- ☐ 6 cl Maracujasaft
- ☐ ½ Orangenscheibe
- ☐ Eiswürfel

Zeitaufwand: 5 min

Schweregrad: für Anfänger

Zubereitung:

Den Zitronensaft und den Maracujasaft mit den Eiswürfeln in einen Shaker geben und alles gut durchschütteln.

Die Mischung in ein Longdrinkglas geben und zum Schluss mit Sanbitter auffüllen.

Mit einer halben Orangenscheibe das Getränk garnieren.

Mandorla Pink

Zutaten:

- ☐ 5 cl Mandelmilch
- ☐ 2 cl Cranberrysaft
- ☐ 4 cl Sanbitter
- ☐ 1 cl frischer Zitronensaft
- ☐ Mandelsplitter
- ☐ Crushed Ice

Zeitaufwand: 5 min

Schweregrad: für Anfänger

Zubereitung:

Ein Mixglas zu 2/3 mit Eis auffüllen und die anderen Zutaten dazugeben. Alles kräftig durchschütteln, bis der Shaker sich eiskalt anfühlt.

Ein Martiniglas bereitstellen und mit Eiswürfeln befüllen.

Den Cocktail durch ein Barsieb abseihen und in das Glas geben.

Die Mandelsplitter zur Dekoration über den Cocktail streuen.

Armors Pfeil

Zutaten:

- ☐ 1 cl Zitronensaft
- ☐ 2 EL Erdbeerpüree
- ☐ 8 cl Ananassaft
- ☐ 8 cl Sanpellegrino Limonata

Zeitaufwand: 5 min

Schweregrad: für Anfänger

Zubereitung:

Den Zitronensaft, den Erdbeerpüree, den Ananassaft sowie die Zitronenlimonade in einen Shaker geben und gut durchschütteln, bis sich alles vermischt hat. Die Mischung in ein Glas geben und den Drink nach Belieben mit einem Stück Honigmelone, einer Weintraube oder einer angeschnittenen Erdbeere dekorieren.

Sommer Cocktails

Stehaufmännchen

Zutaten:

- ☐ 1 St. Säuerlicher Apfel
- ☐ 1 St. Frischer Ingwer
- ☐ 200 ml Orangensaft (frisch gepresst)
- ☐ 200 g Karotten

Zeitaufwand: 10 min

Schweregrad: für Anfänger

Zubereitung:

Die Karotten waschen und abschrubben sowie den Apfel waschen und schälen. Das Kerngehäuse aus diesem dann herausnehmen und den Apfel und den Ingwer in Stücke von gleicher Größe schneiden und entsaften. Den Saft in das Glas gießen und ein paar Eiswürfel dazugeben.

Die komplette Mischung mit dem Orangensaft aufgießen.

Sweety

Zutaten:

- ☐ 1 cl Zitronenschale
- ☐ 4 cl Orangensaft
- ☐ 4 cl Ananassaft

Zeitaufwand: 5 min

Schweregrad: für Anfänger

Zubereitung:

Den Ananassaft und den Orangensaft sowie die geriebene Zitronenschale in den Shaker geben.

Die Eiswürfel nun ebenfalls in den Shaker geben und die gesamten Zutaten kräftig schütteln.

Den Drink durch ein Barsieb in das Cocktailglas abseihen.

Einen Trinkhalm noch in das Glas geben und einen köstlichen Drink mit Freunden genießen.

Pink Panther

Zutaten:

- [ ] 9 cl Orangensaft
- [ ] 1 cl Kokossirup
- [ ] 1 cl Grenadine
- [ ] 0,5 cl Zitronensaft, (frisch gepresst)
- [ ] 1 Schuss Bitter Lemon (eiskalt)

Zeitaufwand: 5 min

Schweregrad: für Anfänger

Zubereitung:

Ein paar Eiswürfel in einen Shaker geben und sämtliche Zutaten bis auf den Bitter Lemon ebenfalls nach und nach in diesen geben und alles gut durchschütteln.

Ein paar Eiswürfel in ein Longdrinkglas geben und den geschüttelten Drink durch ein Barsieb abseihen.

Am Ende das Getränk mit dem Bitter Lemon auffüllen.

Almhugo

Zutaten:

- [ ] 1 St. Limette
- [ ] 1 TL Rohrzucker
- [ ] 1 EL Holunderblütensirup
- [ ] 150 ml Almdudler
- [ ] 5 Bl. Minze

Zeitaufwand: 5 min

Schweregrad: für Anfänger

Zubereitung:

Die Limette waschen und vierteln und in ein Glas geben.

Den Zucker zur Limette dazugeben und mit einem Holzstößel alles zerdrücken.

Den Holunderblütensirup mit dem Almdudler zur Mischung geben. Eiswürfel dazugeben und mit einer Minze dekorieren.

Coconut alkoholfrei

Zutaten:

- 6 cl Ananassaft
- 8 cl Orangensaft
- 6 St. Eiswürfel
- 2 EL Crushed Ice
- 2 cl Schlagsahne
- 4 cl Kokosnusssirup

Zeitaufwand: 5 min

Schweregrad: für Anfänger

Zubereitung:

In einen Shaker Eiswürfel geben und den Ananassaft, den Orangensaft und das Kokossirup dazugeben. Alles gut durchschütteln.

Den Shaker öffnen und die Schlagsahne dazugeben und alles noch einmal gut durchschütteln.

Im nächsten Schritt Crushed Ice in ein hohes Glas geben und die Mischung durch ein Barsieb in das dieses abseihen.

Eine Ananasscheibe zur Dekoration an den Glasrand stecken und den Trinkhalm nicht vergessen.

Tropischer Fruchtcocktail

Zutaten:

- ☐ 3 St. Kiwi
- ☐ 2 St. Nektarinen
- ☐ 2 EL Ananasstücke
- ☐ 1 St. Zitrone
- ☐ 250 ml Ananassaft

Zeitaufwand: 10 min

Schweregrad: für Anfänger

Zubereitung:

Die Kiwis waschen und schälen sowie im Anschluss diese grob hacken.

Die Nektarinen 30 Sekunden in kochendes Wasser tauchen und anschließend vorsichtig die Haut ablösen. Die Nektarinen entkernen und grob zerkleinern.

Die Kiwistücke, die Ananasstücke und die Nektarinen Stücke in einen Shaker geben und alles gut durchmixen.

Die Zitrone waschen und auspressen.

Die Fruchtmousse mit dem Zitronensaft und dem Ananassaft in den Shaker geben und alles gut durchschütteln.

Die Mischung in ein Longdrinkglas füllen und möglichst kalt genießen.

Apfelmilch

Zutaten:

- 12 cl Apfelsaft
- 0,25 l kalte Milch
- 1 Pk. Vanillezucker
- Crushed Ice
- Prise Zimt

Zeitaufwand: 3 min

Schweregrad: für Anfänger

Zubereitung:

Die Milch mit dem Apfelsaft und dem Zucker in einen Mixer geben und alles gut miteinander vermischen und die fertige Mischung mit Crushed Ice in ein Longdrinkglas geben. Mit etwas Zimt bestreuen und genießen.

Espresso Rose

Zutaten:

- ☐ 10 ml Rosensirup
- ☐ 125 ml Rosenlimonade
- ☐ 50 ml Espresso
- ☐ 4 St. Eiswürfel

Zeitaufwand: 5 min

Schweregrad: für Anfänger

Zubereitung:

Ein Glas bereitstellen und Eiswürfel in dieses geben und im Anschluss 10 ml von dem Rosensirup über die Eiswürfel gießen.

Das Ganze mit 125 ml Rosenlimonade auffüllen und gut umrühren.

Den Espresso vorsichtig und langsam darüber gießen.

Himbeer Cooler

Zutaten:

- ☐ 4 St. Eiswürfel
- ☐ 2 cl Himbeersirup
- ☐ 200 ml Apfelsaft
- ☐ 2 St. Himbeeren

Zeitaufwand: 5 min

Schweregrad: für Anfänger

Zubereitung:

Ein Longdrinkglas bereitstellen und Eiswürfel in dieses geben. Den Himbeersirup über das Eis gießen und mit dem Apfelsaft aufgießen. Zum Schluss das Getränk noch mit den Himbeeren dekorieren.

Helldriver

Zutaten:

- ☐ 2 cl Zitronensaft
- ☐ 1 cl Grenadine
- ☐ 4 cl Ananassaft
- ☐ 1 Schuss Ginger Ale zum Auffüllen
- ☐ 0,5 St. Ananas

Zeitaufwand: 3 min

Schweregrad: für Anfänger

Zubereitung:

Den Ananassaft mit dem Zitronensaft und der Grenadine in ein Glas geben und mit dem Ginger Ale das Ganze auffüllen. Alles gut miteinander verrühren. Dekorieren kann man diesen Drink perfekt mit der Ananasscheibe.

Anko Cocktail

Zutaten:

- [ ] 250 ml Latella Kokos Ananas
- [ ] 100 ml Kokosnussmilch
- [ ] 100 ml Ananassaft
- [ ] 1 EL Grenadine
- [ ] 1 Bch. Crushed Ice
- [ ] 1 EL Kokosraspel

Zeitaufwand: 5 min

Schweregrad: für Anfänger

Zubereitung:

Den Latella, den Ananassaft und den Kokosnusssaft mit dem Crushed Ice und der Grenadine in einen Shaker geben und alles gut mixen.

Beim Glas den Rand mit der Grenadine befeuchten und dann diesen in den Kokosraspeln drehen. Diese bleiben am Rand kleben und es entsteht ein Kokosraspelrand, den Leckermäulchen natürlich mit der Zunge während des Trinkens entfernen können.

Den fertig gemixten Drink vorsichtig in das Glas gießen und einen Trinkhalm hineinstecken.

Italian Nights

Zutaten:

- [ ] 1 St. Ingwer
- [ ] 2 cl Holunderblütensirup
- [ ] 10 cl Bitterino
- [ ] 2 St. Eiswürfeln

Zeitaufwand: 3 min

Schweregrad: für Anfänger

Zubereitung:

Den Ingwer schälen und in Scheiben schneiden und im Anschluss in ein Glas geben und darin etwas zerdrücken.

Den Holunderblütensirup zu dem zerdrückten Ingwer dazugeben und mit Bitterino auffüllen.

Zum Schluss, je nach Wunsch etwa zwei bis drei Eiswürfel dazugeben.

Frischekick

Zutaten:

- [ ] 3 St. Eiswürfel
- [ ] 1 St. Strohhalm
- [ ] 20 ml Ginger Ale
- [ ] 100 ml Kirschnektar
- [ ] 20 ml Limettensirup
- [ ] 1 Schb. Limette

Zeitaufwand: 5 min

Schweregrad: für Anfänger

Zubereitung:

Ein paar Eiswürfel in ein Cognac Glas geben und den Limettensirup und den Ginger Ale dazugeben. Das Ganze mit Kirschnektar auffüllen und für die Dekoration die eingeschnittene Limettenscheibe auf den Glasrand stecken. Zum Schluss noch den Strohhalm in das Glas geben.

Ein Tipp: Es gibt unheimlich schöne Trinkhalme, die perfekt für einen Cocktail geeignet sind.

Winter Cocktails

Granatapfel-Grapefruit-Drink

Zutaten:

- 400 ml Granatapfelsaft
- 300 ml Grapefruitsaft (am besten frisch gepresst)
- 200 ml Ingwertee (ausgekühlt)
- 2 Limetten
- etwas Rosmarin
- Granatapfelkerne
- Eiswürfel

Zeitaufwand: 5 min

Schweregrad: für Anfänger

Zubereitung:

In die Gläser bis zur Hälfte Eiswürfel geben und die Limetten waschen und anschließend den Saft auspressen. Den Limettensaft an die vorerst zur Seite stellen.

Den Granatapfelsaft und den Grapefruitsaft zusammen mit dem Ingwertee sowie dem Limettensaft in den Shaker geben und alles gut durchschütteln. Die Mischung nun auf die Gläser verteilen und nach Belieben mit den Rosmarinzweigen sowie den Granatapfelkernen dekorieren.

Winterduft

Zutaten für **Lebkuchengewürz Sirup**

- ☐ ½ Pck. Lebkuchengewürz
- ☐ 500 ml Wasser
- ☐ 500 g Zucker
- ☐ 1 TL Lebensmittelfarbe, silber

Cocktail

Zutaten:

- ☐ 1 cl Sirup (Lebkuchengewürzsirup)
- ☐ 5 cl Cranberrysaft
- ☐ 5 l Orangensaft
- ☐ 3 cl Sahne, geschlagen
- ☐ etwas Vanillezucker
- ☐ etwas Lebensmittelfarbe, gold

Zeitaufwand: 30 min

Schweregrad: für Anfänger

Zubereitung:

Die Zutaten für den Lebkuchengewürzsirup in einem Topf erhitzen, so lange, bis der Zucker sich gelöst hat. Für weitere 10 Minuten köcheln lassen und den Sirup abkühlen lassen. In eine Flasche füllen, so hat man diesen immer auf Vorrat, wenn man ihn für einen Cocktail benötigt.

Die Flasche vor dem Gebrauch immer gut schütteln. Die silberne Farbe kann sich so nicht absetzen.

Die Säfte miteinander mischen und erwärmen und den Vanillezucker mit der Sahne mischen und schlagen und nun noch die Lebensmittelfarbe untermischen.

Ein Glas mit einem Volumen von 150 bis 200 ml bereitstellen und zunächst 1 cl Sirup in das Glas geben und mit dem Saft anschließend auffüllen.

1 El Sahne als Topping oben drauf geben.

Hot Christmas

Zutaten:

- 120 ml Apfelsaft
- 1 TL Grenadine
- 10 cl Schlagsahne
- 1 Prise Zimtpulver

Zeitaufwand: 5 min

Schweregrad: für Anfänger

Zubereitung:

Den Apfelsaft zuerst in ein Glas geben und bei mittlerer Hitze in der Mikrowelle für 1 bis 2 Minuten erwärmen. Den Grenadinesirup dazugeben, jedoch keinesfalls schütteln.

Die Schlagsahne ein wenig aufschäumen. Sie sollte noch leicht flüssig sein und über einen Löffelrücken in das Glas zu der Mischung geben. Ein wenig Zimtpulver zum Schluss darüber streuen.

Caline

Zutaten:

- 4 Litschis, aus der Dose
- 200 ml Saft, (von der Litschi-Dose)
- 500 g Orangen
- 2 EL Zitronensaft
- Eis, gewürfelt

Zeitaufwand: 7 min

Schweregrad: für Anfänger

Zubereitung:

Die Zitronen und Orangen waschen sowie den Saft der Zitronen und Orangen auspressen. Den Zitronensaft und den Orangensaft mit den Litschis und dem Saft von den Litschis mixen, so lange bis eine gleichmäßige Masse entstanden ist. Mit einigen Eiswürfeln zusammen das Ganze in einen Shaker geben und für ein paar Sekunden schütteln.

Spekulatius Cocktail

Zutaten:

- 500 ml Orangensaft (ohne Fruchtfleisch), ungesüßt
- 3 EL Honig (Akazienhonig)
- 2 EL Getränkepulver (Kaba-Vanillepulver), alternativ Vanillezucker
- 1 TL Zimt
- 3 Würfel Eis
- etwas Zimt
- etwas Zucker, alternativ, halbierte Orangenscheiben

Zeitaufwand: 5 min

Schweregrad: für Anfänger

Zubereitung:

Den Zimt mit dem Vanillepulver und dem Honig (z.B. in der Mikrowelle) ein wenig erhitzen und alles gut durchrühren. Der Zimt muss sich lösen und es soll eine gleichmäßige Masse entstehen. Den Orangensaft dazugeben und nochmals kräftig durchrühren. Bis zum Servieren den Cocktail kalt stellen.

Anschließend noch einmal gut durchrühren und 2 bis 3 Eiswürfel in die gekühlten Gläser geben. Den Rand aus einer Mischung aus Zimt und Zucker oder mit halbierten Orangenscheiben garnieren.

Schneewittchen

Zutaten:

- 4 cl Sahne
- 4 cl Mandelsirup
- 2 cl Kokossirup
- 10 cl Ananassaft

Zeitaufwand: 3 min

Schweregrad: für Anfänger

Zubereitung:

Die Sahne, den Mandelsirup, den Kokossirup und den Ananassaft in einen Mixer geben und verrühren und den Glasrand mit Kokosraspeln dekorieren. Noch 2 bis 3 Eiswürfel in das Glas geben und den Drink hinzugießen.

Christmas Time

Zutaten:

- ☐ 2 cl weißer Schokoladensirup
- ☐ 8 cl Pfirsichsaft
- ☐ 1 cl Lebkuchensirup
- ☐ 12 cl Milch

Zeitaufwand: 3 min

Schweregrad: für Anfänger

Zubereitung:

Den weißen Schokoladensirup, den Pfirsichsaft, den Lebkuchensirup und die Milch in einen Shaker geben und alles gut durchschütteln. Den Drink in ein Glas gießen und mit Kakaopulver verzieren.

Moonlight

Zutaten:

- ☐ 1 cl Sahne
- ☐ 1 EL geschlagene Sahne
- ☐ 4 cl Kakao
- ☐ 8 cl Ananassaft
- ☐ 1 cl Granatapfelsirup
- ☐ 2 cl Kokossirup

Zeitaufwand: 5 min

Schweregrad: für Anfänger

Zubereitung:

Die Sahne, den Kakao und den Kokossirup zusammen in einen Shaker geben. Alles gut durchschütteln und anschließend durch ein Barsieb in ein Glas abseihen. Die geschlagene Sahne oben auf den Drink geben und den Granatapfelsirup über die Sahne träufeln. Dekorieren kann man das Getränk perfekt mit einem Stückchen Ananas.

Vanilla-Zimt-Cream

Zutaten:

- ☐ 3 cl Vanillesirup
- ☐ 2,5 cl Zimtsirup
- ☐ 2 cl Sahne
- ☐ 6 cl Milch
- ☐ 7 cl Ananassaft

Zeitaufwand: 3 min

Schweregrad: für Anfänger

Zubereitung:

Den Vanillesirup, den Zimtsirup, die Sahne, die Milch und den Ananassaft in einen Shaker geben und alles gut durchschütteln. Anschließend durch ein Barsieb in ein Glas abseihen.

Virgin Mary

Zutaten:

- ☐ 120 ml Tomatensaft
- ☐ ½ Limette
- ☐ ¼ TL weißer Meerrettich
- ☐ 1 Schuss Tabasco
- ☐ 2 Spritzer Worcestersauce
- ☐ 1 Prise schwarzer Pfeffer frisch gemahlen
- ☐ 1 Prise Selleriesalz

Zeitaufwand: 5 min

Schweregrad: für Anfänger

Zubereitung:

Die Limette waschen und anschließend halbieren und den Saft auspressen. Eiswürfel in einen Shaker geben. Die Limette mit dem Tomatensaft, dem weißen Meerrettich, dem Schuss Tabasco, der Worcestersauce, dem Pfeffer und dem Selleriesalz in den Shaker geben und alles gut durchschütteln.

Den Drink in ein Longdrinkglas gießen und zur Dekoration eine Tomate dazugeben.

Warm Witch´s Blood

Zutaten:

- ☐ 1 Zimtstange
- ☐ 200 ml Preiselbeersaft
- ☐ 200 ml Apfelsaft
- ☐ 1 TL Gewürznelke
- ☐ 200 ml Orangensaft
- ☐ Beerenfrüchte
- ☐ 4 TL Zucker

Zeitaufwand: 10 min

Schweregrad: für Anfänger

Zubereitung:

Die Zimtstange, den Preiselbeersaft, den Apfelsaft, die Gewürznelke, den Orangensaft und den Zucker in einen Topf geben. Die Mischung langsam erhitzen und für 15 Minuten den Punsch auf dem Herd ziehen lassen und ab und zu umrühren.

Den Punsch nun in Punschgläser geben.

Cocos Egg Nog

Zutaten:

- ☐ 10 cl Ananassaft
- ☐ 1 Ei
- ☐ 2 cl Cream of Coconut
- ☐ 4 cl Sahne
- ☐ 10 cl Milch

Zeitaufwand: 5 min

Schweregrad: für Anfänger

Zubereitung:

Den Ananassaft, das Ei, den Cream of Coconut, die Sahne und die Milch in einen Shaker geben und alles kräftig durchschütteln.

Den fertigen Drink in ein großes Glas geben. Dekorieren kann man diesen perfekt mit einem drittel Ananasscheibe am Glasrand.

Matcha Latte mit Sahne-Honig-Topping und Zimt

Zutaten:

- [ ] 1 TL Matcha Pulver
- [ ] 50 ml warmes Wasser
- [ ] 400 ml Milch
- [ ] 1 Prise Vanillezucker

Für das Topping:

- [ ] 100 ml Sahne
- [ ] 1 TL Vanillezucker
- [ ] 3 TL Zimt
- [ ] 2 EL Honig

Zeitaufwand: 10 min

Schweregrad: für Anfänger

Zubereitung:

Das Matcha Pulver mit dem Wasser vermengen und alles gut verrühren.

Die Milch mit dem Vanillezucker in einem Topf erwärmen und die Matchamischung darin verrühren.

Für die Fertigung des Toppings die Sahne zusammen mit dem Zimt und dem Vanillezucker steif schlagen.

Die Mischung in Matcha Latte Gläser füllen. Die Sahne als Topping oben drauf geben und diese mit dem Honig beträufeln. Den fertigen Drink mit dem restlichen Zimt bestreuen.

Glühwein Punsch

Zutaten:

- [ ] 150 ml Traubensaft, rot
- [ ] 150 ml Orangensaft
- [ ] 50 ml Sauerkirsch Fruchtnektar
- [ ] 1 TL Zitronensaft
- [ ] 1 EL, gehäuft Pflaumenmus
- [ ] ½ Banane, geschält
- [ ] 2 EL, gehäuft Mandarinen (Dose)
- [ ] 100 g Beeren, gemischte (TK)
- [ ] 5 Eiswürfel
- [ ] 1 TL Zimt
- [ ] 1 EL Rohrzucker
- [ ] 1 Prise Nelkenpulver zum Garnieren

Zeitaufwand: 15 min

Schweregrad: für Anfänger

Zubereitung:

Alle festen Zutaten zuerst in den Mixer geben und dann die Flüssigkeiten dazugeben und alles mixen. Die Mischung in Gläser füllen und nach Belieben garnieren.

Smoothies alkoholfrei

Tropical Smash

Zutaten:

- [ ] 1 Maracuja, reife
- [ ] 1 Mango, reife
- [ ] 1 Ananas, Mittelstück, reif
- [ ] 3 cl Vanillesirup
- [ ] 3 cl Sirup (Amaretto Sirup)
- [ ] 8 Kugeln Vanilleeis, wenn als Dessert serviert

Zeitaufwand: 12 Stunden, 30 min

Schweregrad: für Anfänger

Zubereitung:

Die Früchte im ersten Schritt waschen, schälen und entkernen und anschließend mit dem Sirup in einem Mixer fein pürieren. Ananasfäden sollten keine übrig bleiben.

Den Smoothie für etwa 12 Stunden im Kühlschrank ruhen lassen.

Genossen werden kann er auch sehr gut ohne Eis.

Pina Colada Smoothie

Zutaten:

- [ ] 250 ml Kokosmilch
- [ ] 140 g Ananasstücke, Abtropfgewicht
- [ ] 1 Banane
- [ ] ¼ TL Vanille

Zeitaufwand: 5 min

Schweregrad: für Anfänger

Zubereitung:

Die Zutaten alle in einen Mixer geben und wenn der Smoothie zu dick sein sollte, noch etwas von der Pflanzenmilch dazugeben.

Erdbeer Smoothie

- 350 g Erdbeeren, es gehen auch gefrorene
- 1 Banane
- 500 l Orangensaft
- 1 EL Honig (Waldhonig)
- Erdbeeren für die Garnitur

Zeitaufwand: 15 min

Schweregrad: für Anfänger

Zubereitung:

Die Erdbeeren waschen, putzen und vierteln. Auf einem Brettchen oder auf einem Gefriertablett die Erdbeeren einfrieren. Im nächsten Schritt die Banane schälen und mit dem Orangensaft, dem Honig sowie den gefrorenen Erdbeeren glatt pürieren.

Die Mischung in Gläser füllen. Jedes Glas mit einer Erdbeere garnieren und den Smoothie direkt servieren.

Sommerlicher Apfel-Melonen-Smoothie

Zutaten:

- [ ] 200 ml Apfelsaft
- [ ] 400 g Melonen, (Wassermelone)
- [ ] 1 Limette, Saft und Zesten
- [ ] 4 EL Zucker, braun

Zeitaufwand: 7 min

Schweregrad: für Anfänger

Zubereitung:

Die Wassermelone als erstes in Stücke schneiden und diese einfrieren. Alternativ kann auch eine frische Melone mit viel zerstoßenem Eis genommen werden. Dies lässt sich bereits ein paar Tage vorher vorbereiten. Je länger die Melone eingefroren ist, je mehr Geschmack verliert sie dabei.

Die gefrorene Melone in einen Stabmixer geben und den Apfelsaft dazu.

Die Limette waschen und die Schale abreiben. Die Limette halbieren und den Saft auspressen. Die abgeriebene Limettenschale und den Limettensaft ebenfalls in den Mixer geben.

2 EL Zucker zu der Mischung im Mixer geben. Das Ganze wird so lange gemischt, bis alle Stücke zerkleinert sind.

Den fertigen Smoothie zusammen mit 1 EL Zucker in 2 Gläser füllen und alles gut durchrühren.

Pfirsich Smoothie

Zutaten:

- 1 gr. Dose Pfirsiche, und ca. Die Hälfte vom Saft
- 200 g Naturjoghurt 0,1% Fett
- 50 Sahne, kalorienreduziert
- Honig n.B.
- Süßstoff n.B.
- Minze, zum Verzieren

Zeitaufwand: 10 min

Schweregrad: für Anfänger

Zubereitung:

Die Zutaten bis auf die Minze in einen Mixer geben und pürieren.

Die Mischung in Gläser füllen und für mindestens 1 Stunde kalt stellen.

Anschließend mit der Minze dekorieren.

Wachmacher Smoothie aus Kaki, Orangen und Tomate

Zutaten:

- ☐ 1 Kaki, überreif
- ☐ 1 Orange, der Saft davon
- ☐ 3 kleine Tomaten, geviertelt, entkernt, ca.150 g
- ☐ 1 Paprikaschote, rot ca. 50 g
- ☐ 1 TL Meerrettich, frisch gerieben oder aus dem Glas
- ☐ etwas Öl, wenn frischer Meerrettich genommen wird
- ☐ n.B. Minze, frisch

Zeitaufwand: 15 min

Schweregrad: für Anfänger

Zubereitung:

Die Kaki kann ganz mit Haut verwendet werden. Nur der Stielansatz muss entfernt werden. Die Tomaten und die Paprika können ebenfalls, wenn Bio, ungeschält genutzt werden. Nur die Stielansätze entfernen sowie die Kerne und bei der Paprika die weißen Rippen.

Die Früchte in einen Mixer geben und gut durchmixen, dann soviel von dem Orangensaft dazugeben, bis ein dickflüssiger Saft entstanden ist. Einen kleinen Klacks von dem Meerrettich darüber geben.
Je nach Geschmack mit den Minzblättern dekorieren.

Melonen-Erdbeer-Smoothie

Zutaten:

- 300 g Galiamelone, gut gekühlt
- 250 g Erdbeeren
- 2 EL Honig
- 200 ml Orangensaft, frisch gepresst
- n.B Eiswürfel

Zeitaufwand: 15 min

Schweregrad: für Anfänger

Zubereitung:

Das Obst waschen und grob klein schneiden. Mit den anderen Zutaten in einen Mixer geben und alles gut durchmixen, bis die Mischung schön cremig ist.

Eiswürfel in ein Glas geben und die Mischung auf die Gläser verteilen. Zum Schluss noch mit Erdbeeren dekorieren.

Kiwi-Cooler

Zutaten:

- [ ] 150 ml Wasser
- [ ] 6 EL Zucker
- [ ] 2 TL Zitronenschale, abgeriebene
- [ ] 130 ml Zitronensaft
- [ ] 1 Zitrone, unbehandelte, in Scheiben
- [ ] Mineralwasser
- [ ] Eis, einige Würfel
- [ ] 4 Kiwis
- [ ] 2 Kugeln Eis, (Erdbeereis oder Zitronensorbet)

Zeitaufwand: 2 Stunden und 25 min
Schweregrad: für Anfänger

Zubereitung:

Das Wasser mit dem Zucker sowie der abgeriebenen Zitronenschale in einem Topf zum Kochen bringen und alles für 5 Minuten köcheln lassen. Den Topf vom Herd nehmen und die Mischung abkühlen lassen.

Den Zitronensaft zur Mischung dazugießen und für etwa 2 Stunden abgedeckt im Kühlschrank ziehen lassen.

Die Mischung in eine Kanne füllen und die Eiswürfel sowie die Zitronenscheiben zur Mischung geben. Alles mit dem Mineralwasser auffüllen.

Die Kiwis waschen und schälen und anschließend in Scheiben schneiden. Mit 200 ml Limonade pürieren.

Die Mischung auf 2 flache Gläser verteilen. Jeweils pro Glas eine Kugel von dem Erdbeereis oder dem Zitronensorbet in die Mitte des Glases geben.

Melonen Smoothie

Zutaten:

- ☐ ½ Melone, Galia
- ☐ 250 g Joghurt
- ☐ 10 Blätter Zitronenmelisse
- ☐ 1 Prise Muskat
- ☐ 1 EL Zitronensaft

Zeitaufwand: 10 min

Schweregrad: für Anfänger

Zubereitung:

Das Melonenfleisch in Stückchen schneiden. Alle Zutaten mit einem Pürierstab durchmixen und den Drink sofort servieren.

Der Joghurt und die Melone sollten Kühlschranktemperatur haben.

Sunburst

Zutaten:

- ☐ 1 Apfel, grün und saftig, Kerngehäuse entfernt und klein geschnitten
- ☐ 3 Möhren, geputzt und kleingeschnitten
- ☐ 1 Mango, geschält, entkernt und klein geschnitten
- ☐ Eis, Crushed Ice
- ☐ 8 Erdbeeren, in Scheiben geschnitten
- ☐ 700 ml Orangensaft

Zeitaufwand: 15 min

Schweregrad: für Anfänger

Zubereitung:

Den Apfel waschen, die Schale entfernen, halbieren und das Kerngehäuse entfernen und im Anschluss den Apfel klein schneiden.

Die Möhren waschen, schälen und ebenfalls klein schneiden.

Die Mango waschen, schälen, entkernen und klein schneiden.

Die Apfelstücke, die Mangostücke und die Möhrenstücke in einen Mixer geben. Das fertige Mus auf vier hohe und gekühlte Gläser verteilen. Das Crushed Ice noch hinzugeben sowie die Erdbeeren. Im letzten Schritt mit dem Orangensaft auffüllen.

Apfel Smoothie

Zutaten:

- ☐ 360 g Apfelkompott
- ☐ 4 EL Apfelsaft, naturtrüber
- ☐ 500 g Kefir
- ☐ 3 EL Zitronensaft
- ☐ 3 EL Zucker, brauner
- ☐ 1 TL gestr. Zimt
- ☐ 2 EL Sirup, Haselnuss
- ☐ Zitronen
- ☐ Zitronenmelisse

Zeitaufwand: 15 min

Schweregrad: für Anfänger

Zubereitung:

Den Apfelkompott pürieren und 4 Esslöffel von diesem mit dem Apfelsaft verrühren. Den restlichen Apfelkompott mit dem Kefir, dem Zitronensaft, dem Zucker, dem Zimt sowie dem Sirup glatt rühren. Alles für etwa eine Stunde kalt stellen.

Die Apfelmischung auf 4 Gläser verteilen und mit der Kefirmischung auffüllen.

Mit Zitronenscheiben und Zitronenmelisse die Gläser garnieren und in jedes Glas einen Strohhalm geben.

Ingwer-Bratapfel-Smoothie

Zutaten:

- [ ] 2 Äpfel
- [ ] 1 EL Butter
- [ ] 1 Prise Zimt
- [ ] 1 TL Zucker
- [ ] 2 EL Haferflocken, zarte
- [ ] 100 g Naturjoghurt, (10%)
- [ ] ¼ TL Ingwer, frisch gerieben
- [ ] 1 Glas Apfelsaft, oder Milch zum Verdünnen

Zeitaufwand: 15 min

Schweregrad: für Anfänger

Zubereitung:

Die Äpfel waschen, schälen und das Kerngehäuse entfernen.

In einer Pfanne die Butter erhitzen und einen von den Äpfeln mit etwas Zimt und dem braunen Zucker darin anbraten, so lange bis der Zucker anfängt zu karamellisieren.

Den Bratapfel sowie den rohen Apfel mit den Haferflocken und mit dem Joghurt in einen Mixer geben und auf der höchsten Stufe cremig mixen.

Zum Schluss einen Hauch Ingwer und eventuell noch ein wenig Zimt dazugeben.

Jade Smoothie

Zutaten:

- [ ] 1 Gurke
- [ ] 3 TL Minze
- [ ] 1 Glas Apfelsaft
- [ ] 5 Würfel Eis
- [ ] 5 Kugeln Sorbet, (Zitronensorbet)

Zeitaufwand: 10 min

Schweregrad: für Anfänger

Zubereitung:

Die Gurke waschen und schälen. Zwei von Gurkenscheiben zur Seite legen. Anschließend die Gurke halbieren und mit einem Löffel die Kerne aus dieser herausschaben. Die Gurke dann in einen Mixer geben.

Die Minze waschen und etwas für die Deko auf die Seite legen. Die restliche Minze zusammen mit dem Apfelsaft und mit den Eiswürfeln zur Gurke dazugeben. Auf der höchsten Stufe alles pürieren.

Das Zitronensorbet anschließend gleichmäßig und schnell unterrühren und die Mischung auf die Gläser verteilen.

Die Gläser mit den Gurkenscheiben und der Minze garnieren.

Karibik-Smoothie

Zutaten:

- ½ Papaya, klein
- 50 g Kokosraspel, frische
- 100 ml Saft, (Guavensaft)
- 1 Spritzer Limettensaft
- ½ TL Sirup, (Karamellsirup)
- 2 EL Eis, gestoßenes Eis (Crushed Ice)

Zeitaufwand: 5 min

Schweregrad: für Anfänger

Zubereitung:

Zu Anfang die Papaya öffnen und die Kerne auskratzen. Die Frucht anschließend schälen und das Fruchtfleisch grob schneiden und in einen Mixer geben.

Die weiteren Zutaten ebenfalls in den Mixer geben, bis auf das Eis und alles gut durchmixen.

Das Eis nun ebenfalls hinzufügen.

Alles noch einmal kurz durchmixen.

Bowlen alkoholfrei

Beeren Bowle

Zutaten:

- ☐ 4 Liter Bitter Lemon
- ☐ 1 Liter Tonic Water
- ☐ 1 Liter Ginger Ale
- ☐ 2 kg Beeren TK, gemischt

Zeitaufwand: 10 min

Schweregrad: für Anfänger

Zubereitung:

Eine große Schüssel oder einen Bowletopf bereitstellen. Die Getränke und die tiefgekühlten Beeren in die Schüssel geben. Hierbei langsam arbeiten, denn die Kohlensäure schäumt leicht. Die Beeren sind je nach Raumtemperatur nach 15 bis 30 Minuten aufgetaut.

Die Bowle kann nun serviert werden.

Exotische Bowle

Zutaten:

- [ ] 200 ml Ananassaft
- [ ] 200 ml Maracujasaft
- [ ] 1 Liter Ginger Ale
- [ ] 1 ½ Liter Mineralwasser
- [ ] 1 Zitrone, Saft und abgeriebene Schale
- [ ] 1 Limone, Saft und abgeriebene Schale
- [ ] 1 kleine Ananas
- [ ] 1 gr. Dose Cocktailfrüchte, exotische Früchte
- [ ] Zucker, nach Geschmack
- [ ] Orangenschale

Zeitaufwand: 1 Std. 30 min
Schweregrad: für Anfänger

Zubereitung:

Die Früchte mit der abgeriebenen Zitronen- und Limonenschale sowie dem Zitronensaft und dem Limonensaft mit ein wenig Zucker aufsetzen.

0,5 Liter Ginger Ale dazugeben und alles im Kühlschrank für eine Stunde ziehen lassen.

Danach den Maracujasaft und den Ananassaft sowie das restliche Ginger Ale dazugeben.

Die Mischung mit Sodawasser und Eiswürfeln auffüllen.

Für die Dekoration ein Minzeblatt und eine Ananasscheibe auf einen Cocktailstecker aufspießen. Den Cocktailstecker in das Glas stellen.

Die übrige Ananas wird in Stücke geschnitten und dann zur Bowle gegeben.

Summer Garden´s Cup

Zutaten:

- [ ] 4 Zitronen, Saft davon
- [ ] 4 große Orangen, Saft davon
- [ ] 8 cl Zuckersirup 1:1, ersatzweise Zucker
- [ ] 500 g Erdbeeren
- [ ] 5 Pfirsiche oder Nektarinen
- [ ] 1 Handvoll Aprikosen
- [ ] 1 Liter Ginger Ale
- [ ] 1 ½ Liter Mineralwasser, classic

Zeitaufwand: 2 Std. 30 min

Schweregrad: für Anfänger

Zubereitung:

Für den Zuckersirup den Zucker mit dem Wasser im Verhältnis 1:1 mischen. Die Mischung aufkochen lassen und hin und wieder rühren, bis der Zucker sich komplett aufgelöst hat. Die Mischung abkühlen lassen.

Das Obst waschen, dann putzen und in mundgerechte Stücke klein schneiden. In einem Behälter, der ausreichend groß ist, den Orangensaft und den Zitronensaft mit dem Zuckersirup ansetzen. Für mindestens 2 Stunden, am besten noch länger, in den Kühlschrank stellen und ziehen lassen. Die Mischung ab und zu mal umrühren.

Ein Bowlegefäß bereitstellen und darin den Früchteansatz geben und mit dem gekühlten Ginger Ale sowie dem Mineralwasser auffüllen. Die Bowle kühl servieren.

Nicht vergessen für die Früchte die Spieße bereitzulegen.

Schlammbowle

Zutaten:

- [ ] 2 Dosen Cocktailfrüchte
- [ ] 3 Liter Saft (Multivitaminsaft)
- [ ] 1 Liter Eis Vanillegeschmack
- [ ] evtl. Rumaroma

Zeitaufwand: 15 min

Schweregrad: für Anfänger

Zubereitung:

Den Saft, die Früchte und das Rumaroma in das Bowleglas geben.
Das Eis dann löffelweise ebenfalls und alles für einige Minuten stehen
lassen, bis das Eis ein wenig angetaut ist.

Erdbeer-Kiwi-Bowle

Zutaten:

- ☐ 4 Limetten
- ☐ 500 g Erdbeeren
- ☐ 3 Kiwis
- ☐ 700 ml Orangensaft
- ☐ 1 ½ Liter Zitronenlimonade

Zeitaufwand: 10 min

Schweregrad: für Anfänger

Zubereitung:

Die Limetten waschen und halbieren und den Saft auspressen. Die Erdbeeren waschen, putzen und dann vierteln. Die Kiwis schälen und dann in dünne Scheiben schneiden.

Die Früchte (Erdbeeren und Kiwis) in ein Bowlegefäß oder eine geeignete Schüssel geben. Den Saft der Limetten darüber träufeln und für ca. 20 Minuten in den Kühlschrank geben.

Das Ganze anschließend mit dem gekühlten Orangensaft sowie der Zitronenlimonade auffüllen.

Karibik Traum

Zutaten:

- ☐ 1 Zitrone
- ☐ 50 g Honig
- ☐ 1 Banane
- ☐ 1 Mango
- ☐ 2 Scheiben Ananas
- ☐ 250 ml Ananassaft, ungesüßter
- ☐ 250 ml Traubensaft, heller, ungesüßter
- ☐ 500 ml Orangensaft

Zeitaufwand: 20 min

Schweregrad: für Anfänger

Zubereitung:

Die Zitrone waschen und halbieren und den Saft auspressen. Den Honig mit dem Zitronensaft verrühren und die Mischung in ein geeignetes Bowlegefäß geben.
Die Banane zuerst schälen und dann in Scheiben schneiden und sofort zu der Honig-Zitronensaft-Mischung geben, so wird die Banane nicht braun.

Die Mango waschen und schälen und das Fruchtfleisch von dem Kern entfernen. Dieses würfeln und dann zu der Banane geben. Anschließend die Ananas halbieren und vierteln und in kleine Stückchen schneiden. Ebenfalls in die Bowleschüssel geben.

Nun die Fruchtsäfte dazu gießen. Bis die Bowle serviert wird für mindestens 2 Stunden kalt stellen.

Apfel Bowle

Zutaten:

- ☐ 2 Äpfel, reif
- ☐ 2 EL Zucker
- ☐ 2 Flaschen Apfelsaft
- ☐ 3 Flasche Mineralwasser

Zeitaufwand: 30 min

Schweregrad: für Anfänger

Zubereitung:

Die Äpfel waschen, schälen, halbieren, vierteln und das Kerngehäuse entfernen. Die Äpfel anschließend in Würfel schneiden und den Zucker darüber streuen.
Den Apfelsaft dazu gießen. Der Ansatz muss leicht durchziehen.

Bevor die Bowle angerichtet wird, das Mineralwasser zu der Mischung geben.

Titanic Bowle

Zutaten:

- ☐ 1 ½ Liter Eis, Vanille
- ☐ 0,7 Liter Apfelsaft, klarer (ungezuckert)
- ☐ 1 Liter Tee (Zitronen Eistee)
- ☐ 0,7 Liter Limonade, Zitronenbrause (möglichst zuckerfrei)
- ☐ 1 Glas Sauerkirschen (ohne Saft)
- ☐ 1 gr. Dose Früchte, Fruchtcocktail mit Saft
- ☐ 2 Dosen Mandarinen, mit Saft
- ☐ 1 Dose Kiwis in Scheiben
- ☐ 1 Dose Melonen, Kugeln
- ☐ 1 Dose Litschis

Zeitaufwand: 1 Tag 15 min

Schweregrad: für Anfänger

Zubereitung:

Die Zutaten müssen alle auf etwa null Grad heruntergekühlt werden.

Eine Schüssel, die ausreichend groß ist, nach Möglichkeit aus Glas oder Keramik, in der Kühltruhe vereisen. Unmittelbar vor dem Servieren wieder aus dem Tiefkühler nehmen.

Die Früchte aus den Konserven in die Schüssel geben und mit der Zitronenbrause auffüllen..
Das Eis nach Möglichkeit am Stück in die Bowle geben.

Die Dekoration kann nach eigener Phantasie gemacht werden.

Mai Bowle

Zutaten:

- 2 Zitronen
- 150 ml Waldmeistersirup
- 600 ml Apfelsaft, kalter
- 400 ml Mineralwasser, kaltes
- 2 frische Äpfel

Zeitaufwand: 10 min

Schweregrad: für Anfänger

Zubereitung:

Die Zitronen waschen, halbieren und den Saft auspressen. Den Zitronensaft mit dem Waldmeistersirup sowie dem Apfelsaft und dem Mineralwasser vermischen. Äpfel in Würfel schneiden und zum Bowle dazugeben.

Die Bowle gekühlt servieren.

Cassis Zitronen Bowle

Zutaten:

- 1 Liter Johannisbeersaft, schwarz
- 3 Zitronen, Saft davon
- 2 Bio Zitronen
- 500 ml Mineralwasser
- einige Eiswürfel
- 4 EL Zucker, braun

Zeitaufwand: 10 min

Schweregrad: für Anfänger

Zubereitung:

Den Zitronensaft mit dem Johannisbeersaft sowie dem Zucker verrühren. Die Bio Zitronen werden in dünne Scheiben geschnitten und alles zusammen mit dem Mineralwasser zu der Bowlemischung geben, dann die Eiswürfel dazugeben und das Getränk sofort servieren.

Kirsch Bowle

Zutaten:

- 16 Kirschen
- 300 ml Kirschsaft
- 2 Nektarinen
- 600 ml Zitronenlimonade

Zeitaufwand: 1 Std. 15 min

Schweregrad: für Anfänger

Zubereitung:

Die Kirschen waschen und entsteinen und mit 100 ml vom Kirschsaft in die Eiswürfelform gießen. Die Eiswürfelform einfrieren, jeweils eine Kirsche pro Eiswürfel verwenden.

Anschließend die Nektarinen waschen, schälen und halbieren und den Stein aus der Nektarine entfernen. Das Fruchtfleisch in kleine Würfel schneiden.

Der restliche Kirschsaft wird in die Schüssel gegeben und das Ganze für eine Stunde ziehen lassen.

Kurz vor dem Servieren der Bowle, die Zitronenlimonade dazugeben.

Die Kirschwürfel zum Schluss in das Glas geben.

Blue Ocean Bowle

Zutaten:

- 4 Liter Maracujasaft
- 2 Liter Grapefruitsaft
- 2 Liter Sprite, oder Zitronenlimonade
- 1 Liter Blue Curacao, alkoholfrei
- 2 Dosen Obst, (Obstcocktail)
- n.B. Eiswürfel

Zeitaufwand: 10 min

Schweregrad: für Anfänger

Zubereitung:

Die verschiedenen Säfte, die Zitronenlimonade sowie den Blue Curacao alkoholfrei mit dem Obstcocktail vermischen. Das Ganze im Anschluss kalt stellen.

Kurz bevor die Bowle serviert wird, die Eiswürfel in die Bowle geben.

Rosen Bowle

Zutaten:

- [ ] 1 Tasse Honig
- [ ] 2 Pck. Vanillezucker
- [ ] 200 ml Orangensaft, frisch gepresst
- [ ] 1 Liter Apfelsaft
- [ ] 30 Rosen-Blätter
- [ ] 1 Liter Mineralwasser

Zeitaufwand: 3 Stunden 15 min

Schweregrad: für Anfänger

Zubereitung:

Den Zucker mit dem Honig, dem Orangensaft und dem Zitronensaft in ein Bowlegefäß geben und so lange umrühren, bis der Honig sich vollständig aufgelöst hat.

Die Mischung mit dem Apfelsaft auffüllen. Das Ganze für eine Stunde in den Kühlschrank stellen und durchziehen lassen.

Kurz bevor die Bowle serviert werden soll, das Mineralwasser dazugeben und die Bowle mit den Rosen-Blätter bestreuen.

Milchshakes alkoholfrei

Raffaello Milchshake

Zutaten:

- [ ] 40 g Konfekt (Raffaello), oder anderes Kokos Konfekt
- [ ] 150 g Joghurt (Kokosnuss)
- [ ] 2 Kugeln Eis (Vanille oder Kokos)
- [ ] 400 ml Milch oder Kokosmilch
- [ ] n.B. Zucker oder Flüssigsüßstoff

Zeitaufwand: 5 min

Schweregrad: für Anfänger

Zubereitung:

Den Joghurt und das Konfekt in ein Rührglas geben und mit einem Zauberstab pürieren, dann die Milch dazugeben.

Nun das Eis hinzufügen und alles noch einmal schaumig durchmixen.

Das Ganze abschmecken und wenn nötig noch etwas nachsüßen.

Direkt servieren.

Kokosnuss Milchshake

Zutaten:

- [ ] 350 ml Ananassaft
- [ ] 100 ml Kokosmilch
- [ ] 150 g Eis (Vanilleeis)
- [ ] 140 g Ananas, in Stücken gefroren
- [ ] 2 EL Kokosraspel, zum Garnieren

Zeitaufwand: 4 min

Schweregrad: für Anfänger

Zubereitung:

Die Kokosmilch und den Ananassaft mit dem Vanilleeis in einen Mixer geben und alles im Mixer aufschlagen, dann die Ananasstücke dazugeben und glatt pürieren.

Den Shake in hohe Gläser oder Kokosnussschalen füllen und mit Kokosraspeln garnieren.

Einen Strohhalm in das Glas geben.

Cappuccino-Vanille-Milchshake

Zutaten:

- ☐ 10 EL Eis (Vanilleeis)
- ☐ 6 TL Kaffeepulver, instant (Cappuccinopulver)
- ☐ 200 ml Sahne
- ☐ n.B. Milchshake

Zeitaufwand: 5 min

Schweregrad: für Anfänger

Zubereitung:

Das Cappuccinopulver, die Sahne und das Eis in ein Gefäß geben und mit einem Mixstab zu einer glatten Masse verarbeiten.

Die Milch anschließend dazugeben, bis die Konsistenz, wie gewünscht ist. Die Mischung in große Gläser füllen und den Milchshake eiskalt servieren.

Smokeys Traubensaft Milchshake

Zutaten:

- ☐ 4 EL Naturjoghurt
- ☐ 200 ml Milch, kalt gestellt
- ☐ 200 ml Traubensaft, rot kalt, gestellt
- ☐ 1 EL Ahornsirup

Zeitaufwand: 10 min

Schweregrad: für Anfänger

Zubereitung:

Die Zutaten in einen Shaker geben und miteinander mischen.

Die Mischung auf zwei große Gläser verteilen und einen Strohhalm in jedes Glas stellen und den Milchshake servieren.

Pumpkin Pie Milchshake

Zutaten:

- [ ] 150 g Kürbis, (Hokkaido), püriert, küchenfertig gewogen
- [ ] 300 g Eis, Vanille
- [ ] 300 g Milch, Vollmilch
- [ ] 35 Zucker, braun
- [ ] ¾ TL Gewürzmischung, (Pumpkin-Pie-Spice)
- [ ] Schlagsahne, zum Garnieren

Zeitaufwand: 15 min

Schweregrad: für Anfänger

Zubereitung:

Den Kürbis zunächst halbieren, entkernen, schälen und dann in Würfel schneiden.

Die Würfel in etwas Wasser weich kochen lassen und anschließend pürieren und komplett auskühlen lassen.

In einen Mixer das angetaute Vanilleeis geben und den Zucker, die Milch und den Pumpkin-Pie-Spice dazugeben und miteinander vermischen.

Die fertige Mischung auf Gläser verteilen.

Ein wenig Sahne aufschlagen und diese nach Belieben süßen. Einen großen Tuff der Sahne, obenauf auf jedes Glas geben.

Blaubeer Milchshake

Zutaten:

- [ ] 350 g Heidelbeeren, TK
- [ ] 100 ml Schlagsahne
- [ ] 500 ml Milch
- [ ] 1 Pck. Vanillezucker
- [ ] 100 Zucker
- [ ] 3 Spritzer Zitronensaft (Konzentrat)

Zeitaufwand: 5 min

Schweregrad: für Anfänger

Zubereitung:

Für etwa 10 Minuten die Blaubeeren auftauen lassen und im Anschluss mit einem Stabmixer pürieren.

Die Zitrone, den Vanillezucker, den Zucker sowie die flüssige Schlagsahne zu den Blaubeeren geben. Die Milch nach und nach unterrühren und den Milchshake direkt servieren.

Papaya Milchshake

Zutaten:

- ☐ 1 Papaya, reif
- ☐ 500 ml Milch
- ☐ 1 TL Honig

Zeitaufwand: 10 min

Schweregrad: für Anfänger

Zubereitung:

Die Papayas waschen und halbieren. Die schwarzen Kerne aus der Papaya mit einem Löffel ausschaben.

Das Fruchtfleisch ebenfalls mit einem Löffel auskratzen und in einem hohen Gefäß mit einem Mixer pürieren.

Die gekühlte Milch kommt dazu und alles muss noch einmal kurz durchgemixt werden. Es kann auch noch wenn gewünscht etwas Joghurt dazu gegeben werden. Alles abschmecken und je nachdem wie süß die Frucht ist, ein wenig Honig dazugeben.

Spekulatius Milchshake

Zutaten:

- ☐ 10 Gewürzspekulatius
- ☐ 600 ml Mandelmilch (Mandeldrink), leicht gesüßt
- ☐ 500 ml Vanilleeis (Bourbon Vanilleeis)

Zeitaufwand: 3 min

Schweregrad: für Anfänger

Zubereitung:

In einen Häcksler den Spekulatius geben. 2 TL von den Spekulatius Bröseln an die Seite legen.

In einem Küchenmixer den Rest der Spekulatius mit dem Vanilleeis sowie der Mandelmilch hineingeben. Alles für ½ bis 1 Minute mixen.

Auf 4 niedrige Dessertgläser den fertigen Shake verteilen. Die restlichen Spekulatius Brösel darüber streuen.

Ananas Milch

Zutaten:

- 2 Würfel Eis, zerkleinert
- 1 Scheibe Ananas
- 2 EL Ananassaft
- 1 EL Zucker
- 1 TL Zitronensaft
- 250 ml Milch, gut gekühlt
- 1 Becher Joghurt groß
- Ananas zum Garnieren

Zeitaufwand: 10 min

Schweregrad: für Anfänger

Zubereitung:

Die Ananasscheibe mit den zerkleinerten Eiswürfeln, dem Zitronensaft, dem Ananassaft und dem Zucker gut mixen.

Den Joghurt und die gut gekühlte Milch zugeben und alles kurz durchmixen.

Mit Eis in ein vor gekühltes Glas geben und einen Strohhalm oder einen Löffel je nach Belieben hinzufügen.

Mit Ananasscheiben nach Belieben verzieren.

Apfel Buttermilch Shake

Zutaten:

- [ ] 500 ml Buttermilch
- [ ] 1 m.-große Apfel
- [ ] 3 EL Zucker oder entsprechende Menge Süßstoff
- [ ] 2 EL Zitronenmelisse, (2-3 Blätter)
- [ ] 1 EL Zitronensaft

Zeitaufwand: 5 min

Schweregrad: für Anfänger

Zubereitung:

Den Apfel waschen und halbieren und das Kerngehäuse entfernen. Den Apfel in Stücke schneiden und in einen Mixer geben oder eine geeignete Schüssel.

Die restlichen Zutaten hinzufügen und alles schaumig pürieren.

Power Shake

Zutaten:

- ☐ 1 Banane, reif
- ☐ ½ Apfel
- ☐ 300 ml Milch, fettarme
- ☐ 100 g Magerquark
- ☐ 6 EL Haferflocken
- ☐ 1 EL Honig

Zeitaufwand: 10 min

Schweregrad: für Anfänger

Zubereitung:

Den Apfel und die Banane grob zerkleinern und beides in einen Mixer geben.

Den Magerquark mit den Haferflocken sowie dem Honig dazugeben und die kalte Milch ebenfalls dazugeben. Alles gut miteinander vermixen, bis die gewünschte Konsistenz erreicht ist.

Peanutbutter Milchshake

Zutaten:

- ☐ 400 g Eis, (Vanilleeis)
- ☐ 200 ml Milch
- ☐ 100 g Erdnussbutter, creamy
- ☐ 4 EL Schokoladensauce

Zeitaufwand: 5 min

Schweregrad: für Anfänger

Zubereitung:

Die Zutaten, außer die Schokoladensauce in den Mixer geben. Es kann auch mit einem Mixstab gemixt werden. Für etwa 20 bis 25 Sekunden alles gut mixen.

Den fertigen Milchshake auf die Gläser verteilen und die Schokoladensauce darüber gießen.

Sofort servieren.

Mango Lassie

Zutaten:

- 250 g Naturjoghurt
- 130 ml Mangopüree aus der Dose oder 250 g frische Mango, aufgeschnitten
- 4 TL Zucker

Zeitaufwand: 10 min

Schweregrad: für Anfänger

Zubereitung:

Alle Zutaten in einen Mixer geben und für zwei Minuten mixen.

Die fertige Mischung in die Gläser füllen und den Shake servieren.

Mandarinen Milchshake

Zutaten:

- ☐ 1 kleine Dose Mandarinen
- ☐ 2 Kugeln Eis (Vanille)
- ☐ n.B. Milch
- ☐ n.B. Schlagsahne

Zeitaufwand: 5 min

Schweregrad: für Anfänger

Zubereitung:

In einen Messbecher die Mandarinen mit dem Saft aus der Dose geben und mit einem Pürierstab pürieren.

Anschließend das Vanilleeis dazugeben und alles erneut gut durchmixen, bis das Getränk schön schaumig ist und sich das Eis völlig aufgelöst hat.

Nach Bedarf mit der Milch auffüllen und noch einmal kurz mit dem Pürierstab mischen.

Die Mischung auf zwei Gläser verteilen.

In jedes Glas einen dicken Trinkhalm stellen und nach Geschmack den Milchshake mit einem leckerem Sahnehäubchen versehen.

An welchen Cocktails sollten sich Cocktail Anfänger versuchen?

Wer noch nie zuvor einen Cocktail selbst zubereitet hat und sich erstmalig an einem solchen versuchen möchte, der sollte auf eine einfache Variante zurückgreifen. Schwierige Farbspiele oder seltene Zutaten sollten hier erst einmal außen vor bleiben. Eine Cocktail-Variante mit zwei Zutaten und ein bisschen Deko ist absolut ausreichend. Beherrscht man hier erst mal ein paar Varianten und hat ein Gefühl für die Zubereitung von Cocktails bekommen, dann kann man sich nach und nach auch an die komplizierten Getränke heranwagen, mit der Zeit werden auch diese leicht von der Hand gehen.

Was macht einen Cocktail zu einem richtigen Cocktail?

Cocktails bestehen aus mindestens zwei Zutaten, oftmals auch mehr. Ein Cocktail wird stets frisch zubereitet und nach der Zubereitung direkt genossen. Longdrinks sind eine einfache Variante von einem Cocktail. Das Volumen liegt zwischen 150 ml und 250 ml, somit zwischen 15 cl und 25 cl. Ein alkoholfreier Cocktail ist vorrangig fruchtig oder zumindest ist in einem solchen Cocktail mindestens eine Frucht enthalten. Die Geschmacksrichtungen sind jedoch vielfältig und können von süß bis herb weit auseinander gehen.

Welche Getränke kann man in einem alkoholfreien Cocktail verwenden?

Saft oder Püree

Säfte, wie Orangensaft oder Marakuja-Saft sind einer der größten Bestandteile in vielen Cocktails. Säfte sorgen für die richtige Substanz des Cocktails und machen einen solchen erst zu einem geschmackvollen Drink. Viele Cocktails bestehen jedoch auch aus einem Püree, wie beispielsweise Mango Püree oder Maracuja Püree, gerne werden auch pürierte Beeren in Cocktails verwendet.

Sirup

Es gibt zahlreiche unterschiedliche Arten von Sirup, die gerne bei der Zubereitung von cocktails verwendet werden. Sie geben ihm die spezielle, besondere Note. Besonders beliebt sind beispielsweise Karamellsirup, Kokossirup, Grenadine und Holunderblütensirup, aber auch Vanille Sirup, Blue Curacao und Apfelsirup gehören zu den unangefochtenen Siruparten.

Getränke, die zum Auffüllen sind

Ein jeder Cocktail benötigt das gewisse Etwas. Er muss mit einem anderen Getränk aufgefüllt werden, damit der gewollte Geschmack erst entsteht. Hierbei sollte es sich nicht um eine dickflüssige Flüssigkeit handeln, daher werden oftmals Cola, Limonade oder auch gerne mal Apfelsaft zum Auffüllen der Cocktails verwendet.

Einlagen

Natürlich wäre ein Cocktail, kein Cocktail, wenn nicht eine Besonderheit den Abschluss bildet. Hier können die unterschiedlichsten Einlagen zum Zuge kommen. Gerne verwendet werden in einem solchen Fall Kräuter, frische Früchte, Eis, aber auch gerne Zitronenscheiben, Mangoscheiben oder andere Früchte. Sie sehen nicht nur fantastisch aus, sondern sie schmecken zudem auch himmlisch gut.

Welche Cocktails zählen zu den alkoholfreien Klassikern?

Es gibt einige alkoholfreie Cocktails, die besonders beliebt sind und das nicht nur wegen ihres Aussehens. Der eigene Geschmack spielt natürlich die größte Rolle. Wer selbst einen Cocktail zubereiten möchte, der ist sich manchmal unsicher, welche Zutaten man verwenden sollte und welche nicht. Was passt zusammen, welche Getränke harmonieren miteinander und welche nicht. Da kann ich sie heute beruhigen, denn diesbezüglich kann man kaum etwas falsch machen.

Die meisten Obstsorten, die man saisonbedingt kaufen kann, harmonieren sehr gut miteinander und damit man eine gute Balance schaffen kann sollte man saure Früchte mit süßen Früchten kombinieren. Sehr gut schmecken beispielsweise Orangen in Kombination mit Pfirsichen. Sie können jedoch auch hervorragend auf säuerliche Apfelsorten zurückgreifen und diese mit süßen Obstsorten kombinieren. Lieben sie Bananensaft, so können Sie diesen auch hervorragend in einem Cocktail verwenden, jedoch sollten Sie hier sehr sparsam mit dem Bananensaft umgehen. Dieser ist extrem süß und verwendet man zu viel von ihm, so kann der Cocktail übermäßig süß werden und schmeckt nicht mehr wie gewünscht. Bei jedem Cocktail macht es die Mischung aus, wie dieser am Ende schmeckt.

Was Sie über Cocktails noch wissen sollten, die wichtigsten Fakten

Bereits 1862 gab es die ersten Cocktails, doch sie bestanden damals aus nicht mehr als vier Zutaten. Gerade im Sommer sind alkoholfreie Cocktails besonders beliebt, da diese je nach Zutat ausgesprochen erfrischend schmecken können. Barkeeper benutzen zu dieser Jahreszeit ausgesprochen gerne Tonic Water und hinzu kommt natürlich Eis. Eine schnelle Erfrischung bei hohen Temperaturen ist ein absolutes Muss, aber kann man hier nicht auch einfach auf einen Smoothie zurückgreifen?

Selbstverständlich ist dies möglich, jedoch bei einem Smoothie ist oftmals mehr Gemüse oder Obst enthalten und diese sind etwas dickflüssiger, als dies bei einem Cocktail der Fall ist. Die Flüssigkeiten, die in einem alkoholfreien Cocktail verwendet werden, sind eher flüssig, also ähnlich wie Wasser. Bei einem Smoothie spricht man von zähflüssig. Gerade Limettensaft, Orangensaft und Zitronensaft gehören in einen alkoholfreien Cocktail als Zutat einfach hinein. Man kann diese miteinander vermengen, aber auch einzeln sehr gut genießen. Diese Zutaten dienen in vielen Fällen auch als Alkoholersatz. Einfach den Cocktail mit einer dieser Flüssigkeiten auffüllen und fertig ist das leckere, erfrischende Getränk.

FAQ- Fragen und Antworten

Welche alkoholfreien Cocktails sind besonders gut für Anfänger geeignet?

Ist man noch Anfänger und versucht sich an den ersten eigenen alkoholfreien Cocktails, so sollte man sich auf Zutaten beschränken, die man größtenteils in der heimischen Küche vorfindet. Der Cocktail sollte nicht zu kompliziert sein und man sollte diesen auch als Anfänger in kürzester Zeit zubereiten können. Selbstverständlich spielt auch der bevorzugte Geschmack eine große Rolle. Mögen Sie lieber Limonade oder darf es doch ein bisschen süßer sein, dann können Sie auch Sirup verwenden.

Welches Zubehör darf bei Cocktails nicht fehlen?

Das wichtigste Zubehör ist natürlich der Shaker, der sollte vorhanden sein. Alle anderen Zubehörteile kann man als Anfänger, wenn man sich erst selbst einmal ausprobieren möchte, gut ersetzen. Es muss zu Anfang nicht gleich ein perfektes Cocktailglas sein, ein anderes kann man auch problemlos verwenden. Sie können zudem auch Eiswürfel bei Bedarf verwenden und benötigen nicht zwangsläufig einen Eiscrusher.

Wie lange ist die durchschnittliche Zubereitungszeit für einen Cocktail?

Bei der Zubereitungszeit eines Cocktails kommt es natürlich vorrangig darauf an, was sie alles in ihrem Cocktail verwenden möchten. In der Regel sollte die Zubereitung von einem Cocktail jedoch nur in den seltensten Fällen 5 Minuten überschreiten. Jedoch gilt auch hier, versucht man sich das erste Mal an einem solchen Getränk, dann sollte man sich soviel Zeit lassen, wie man benötigt. Am Ende kommt es zweifelsohne auf den perfekten Geschmack an und nicht auf die benötigte Zeit.

Ist ein alkoholfreie Cocktail überhaupt ein richtiger Cocktail?

Es gibt immer wieder Liebhaber von Cocktails, die behaupten, dass ein Cocktail ohne Alkohol kein richtiger Cocktail ist, doch das ist nicht richtig so. Es steht nirgendwo geschrieben, dass in einem Cocktail zwangsläufig Alkohol enthalten sein muss. Leckere alkoholfreie Cocktails zählen daher absolut zu normalen Cocktails und können geschmacklich oftmals einiges mehr hergeben, als dies bei Cocktails mit Alkohol der Fall ist.

Gehört in jeden Cocktail Sirup?

Nicht in jedem Cocktailrezept ist automatisch Sirup enthalten. Diesen benötigt man nur bei einigen dieser Getränke. Der Sirup sorgt für eine größere Süße und ist geschmacklich auch intensiver. Wer jedoch einen Cocktail zubereiten möchte, der eher herb oder fruchtig ist, der benötigt nicht unbedingt Sirup für diesen.

Kann man eine Alternative zum Alkohol verwenden?

Wer so gar nicht auf den Geschmack von Alkohol in seinem Cocktail verzichten kann oder möchte, der kann auf alkoholfreie Varianten zurückgreifen. Es gibt beispielsweise alkoholfreien Sekt oder alkoholfreien Wein zu kaufen, der gut verwendet werden kann. Der sonst übliche Schwips bleibt aus, aber der volle Geschmack ist vorhanden.

Was macht einen guten Cocktail aus?

Ein guter Cocktail sollte nicht nur den Gaumen erfreuen, sondern er sollte auch ansprechend aussehen. Schließlich sind Cocktails für ihren Aha-Effekt bekannt. Ein tolles Getränk mit beispielsweise einem bunten Zuckerrand, einem Schirmchen und einer exotischen Frucht versehen, macht da schon wesentlich mehr her, als ein einfaches Glas mit Limo.

Danke

Vielen Dank, dass Sie mein Rezeptbuch mit den vielen unterschiedlichen Cocktails gelesen haben. Ich hoffe, dass Sie einige leckere Rezepte für sich zum Nachmachen finden konnten. Eines können Sie sich sicher sein, bei einer jeden Party behalten Sie einen klaren Kopf und können dennoch leckere Cocktails genießen. Alkoholfreie Cocktails haben sehr viel zu bieten und selbst Ihre Kinder dürfen hier und da mal einen solchen Drink genießen. Die Kleinen fühlen sich dann auch ganz groß. Bei der Garnierung handelt es sich natürlich nur um Ratschläge, vielleicht versuchen Sie einmal selbst kreativ zu sein. Sie werden schnell neue spannende alkoholfreie Cocktails für sich entdecken, viel Spaß dabei.

Ich wünsche Ihnen nun viel Spaß beim zubereiten leckerer alkoholfreier Cocktails

Ihr Adrian Berg

Weshalb das Buch keine dekorativen Bilder aus einem Fotostudio enthält:

Sicherlich ist Ihnen aufgefallen, dass in diesem Buch keine tollen und lecker aussehenden Bilder zu finden waren, die in irgendeinem Fotostudio gemacht wurden. Der Grund ist hierfür einfach, denn mal ehrlich, die Bilder in einem Rezeptbuch sehen selbstverständlich meist sehr schön aus und regen zum Nachkochen an, aber wie enttäuscht sind wir alle immer, dass es nie so aussieht, wie auf den Bildern im Buch. Ich bin der Überzeugung, dass man danach nur enttäuscht ist und die Realität einfach anders aussieht.

Ebenso wollte ich Ihnen ein Buch zur Verfügung stellen, welches günstig und übersichtlich ist.

Vielen Dank für Ihr Verständnis!

Rechtliches

Alle Angaben in diesem Buch erfolgen nach bestem Wissen und Gewissen.

Sorgfalt bei der Umsetzung ist indes dennoch geboten.

Haftungsansprüche gegen den Autor, welche sich auf Schäden gesundheitlicher, materieller oder ideeller Art beziehen, die durch Nutzung oder Nichtnutzung der dargebotenen Informationen bzw. durch die Nutzung fehlerhafter und unvollständiger Informationen verursacht wurden, sind grundsätzlich ausgeschlossen, sofern seitens des Autors kein nachweislich vorsätzliches oder grob fahrlässiges Verschulden vorliegt.

Dieses Buch ist kein Ersatz für eine medizinische oder professionelle Beratung und Betreuung.

Suchen Sie vor einer Ernährungsumstellung unbedingt vorher einen Facharzt auf.

Jahr der Veröffentlichung: 2021

1.Auflage

Impressum

Der Autor Adrian Berg ist vertreten durch:

Aziz Ünal

Alzeyer Str. 20

55278 Undenheim

Covervorgestaltung: fiverr.com/germancreative

Coverfoto: despositphotos.com

E-Mail: autor.berg@gmail.com

Printed in Poland
by Amazon Fulfillment
Poland Sp. z o.o., Wrocław